歴史文化ライブラリー

506

天神様の正体

菅原道真の生涯

森 公章

吉川弘文館

目　次

土師氏の願い――プロローグ

土師氏から菅原氏へ

奈良時代の終わり頃、天応元年（七八一）六月二十五日に遠江介《すけ》従五位下土師宿禰古人《はじのすくねふるひと》、散位外従五位下土師宿禰道長ら十五人は、次のような申請を行った（『続日本紀』天応元年六月壬子条）。

土師の先は天穂日命《あめのほひのみこと》より出づ。その十四世の孫は野見《のみ》宿禰と曰《い》ふ。昔者《むかし》、纏向珠《まきむくのたま》城宮《きのみや》に御　宇《あめのしたしらしめ》しし垂仁《すいにん》天皇の世には、古風尚在りて葬礼に節無し。凶事有る毎《ごと》に、例として多く殉埋しき。時に皇后薨《こう》して、梓宮《しきゅう》庭に在り。帝、群臣を顧み問ひて曰《のたま》ひしく、「後宮の葬礼、これを為さむこと奈何《いか》にせむ」とのたまひき。群臣対へて曰《もう》しく、「一に倭　彦王子《やまとひこのみこと》の故事に遵《したが》ひたまへ」とまうす。時に臣らが遠祖野見宿禰進みて奏して曰ししく、「臣が愚意の如くは、殉埋の礼は殊に仁政に乖《そむ》けり。国を益し人を利《たす》くる道に非ず」ともうしき。仍りて土部《はじべ》三百余人を率ゐて、自ら領《し》りて埴《はに》を取り、諸の物の象を造りて進りき。帝、覧して甚だ悦びたまひて、以て殉人に代へたまひき。号《よ》びて埴輪と曰ふ。所謂立物是《いわゆるたてものこれ》なり。此《こ》れ即《すなわ》ち往帝の仁徳、先臣の遺愛にして、裕《ゆう》を後昆《こうこん》に垂れて、生民頼れり。式《もち》て祖業を観るに、吉凶相半《なかば》して、若《も》し其れ諱辰には凶を掌《つかさど》り、祭日には吉に預れり。此の如く供奉《つかへたてまつ》りて、允《まこと》に通途に合《かな》へり。今は然《しか》らず、専ら凶儀に預る。祖業を尋ね念《おも》ふに、意茲《ここ》に在らず。望み請《こ》ふらくは、居地の名に因り、土師を改めて菅原《すがわら》の姓とせむことをともうす。

土師古人は道真《みちざね》の曽祖父である。土師氏からの改姓を願い出る内容で、この申請は許可されており、菅原姓誕生の瞬間を示すものである。土師氏の祖野見宿禰は出雲国造《くにのみやつこ》出雲臣《おみ》と同じく天穂日命を遠祖とする。野見宿禰は実際に出雲から畿内ヤマトに到来し、当《たい》麻邑《まむら》の当麻蹶速《けはや》と捔力《すまい》したことで著名で（『日本書紀』垂仁七年七月乙亥条）、これは相撲《すまい》の起源として名高い。その後、野見宿禰は垂仁天皇の朝廷にとどまった。

垂仁二十八年十一月に天皇の弟倭彦命を身狭桃花鳥坂《むさのつきさか》に埋葬したとき、この頃はまだ近習者を殉葬する風習があり、凄惨な光景が繰り広げられていた。これに心を痛めた天皇は殉死者の埋葬を止めるように指示したが、垂仁三十二年七月に皇后日葉酢《ひばす》媛命《ひめのみこと》が薨去《こうきょ》した際にも、群臣たちは慣例通りの埋葬を進言したという。

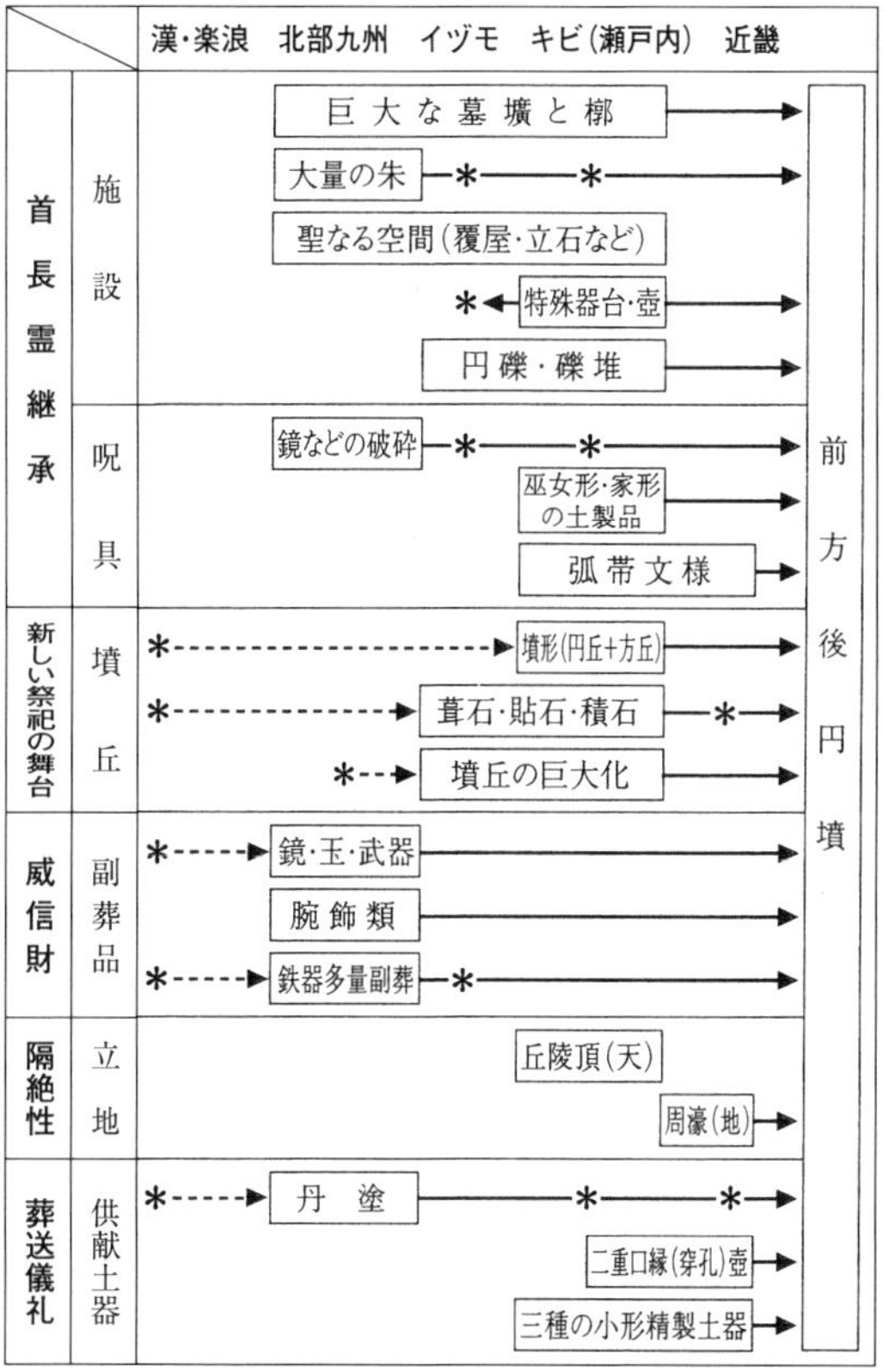

図１　前方後円墳への道程（寺沢薫『日本の歴史』02〈講談社，2000年〉265頁）

そこで野見宿禰は、殉死者に代えて埴で作った形象を墳墓に立てることを提案した。これが埴輪の起源である。『日本書紀』には、野見宿禰は出雲から土部百人を喚《よ》び、人・馬や種々の形を作ったとある。これは形象埴輪のはじまりを示す物語なのであろう。そもそも前方後円墳は九州、瀬戸内地域や山陰地方など、西日本各地の喪葬儀礼・墳墓のあり方を集成して、畿内ヤマトで共通の墳丘墓として完成したものとされており、その後も各地の喪葬方式が随時取り入れられたことは充分に考えられる。出雲地域では五世紀中葉の松江市石屋古墳から人物・動物群像が検出されており、これは全国的にみても大型・定型化した初期の形象埴輪であるとされる。野見宿禰の伝承にも一定のゆえんがあるといえよう。

土師氏の職能

こうした伝統からか、土師氏は奈良時代になっても負名氏《なおいのうじ》として喪葬儀礼を担当する特異な律令官人として存続していたが、奈良時代の終わりに至って、ようやくこの状況を脱却して一般官人への転換の道を模索した次第である。古人らが居地とする菅原の地は平城京の右京三条三坊の菅原寺付近で、平城京の北・西には四世紀後半〜五世紀の巨大古墳が点在する佐紀《さき》古墳群があり、さらに平城京跡右京三条二坊の菅原東遺跡では六世紀前半〜後半の埴輪窯が検出されているから、古人らの父祖はこの菅原の地で実際に埴輪作りを指揮・統括していたのであろう。

古人の申請に続いて、土師安人《やすひと》らは平城京の北の居地にちなんで秋篠《あきしの》姓への改姓を願い出ている（『続日本紀』延暦元年〈七八二〉五月癸卯条）。また、土師氏には四腹《しふく》（四系統）があったが、その一つを毛受腹《もずばら》といい、これは佐紀古墳群の次に多くの巨大古墳が築造された、五世紀中葉の古市《ふるいち》・百舌鳥《もず》古墳群のうちの百舌鳥古墳群を支えた一族の存在を示す。

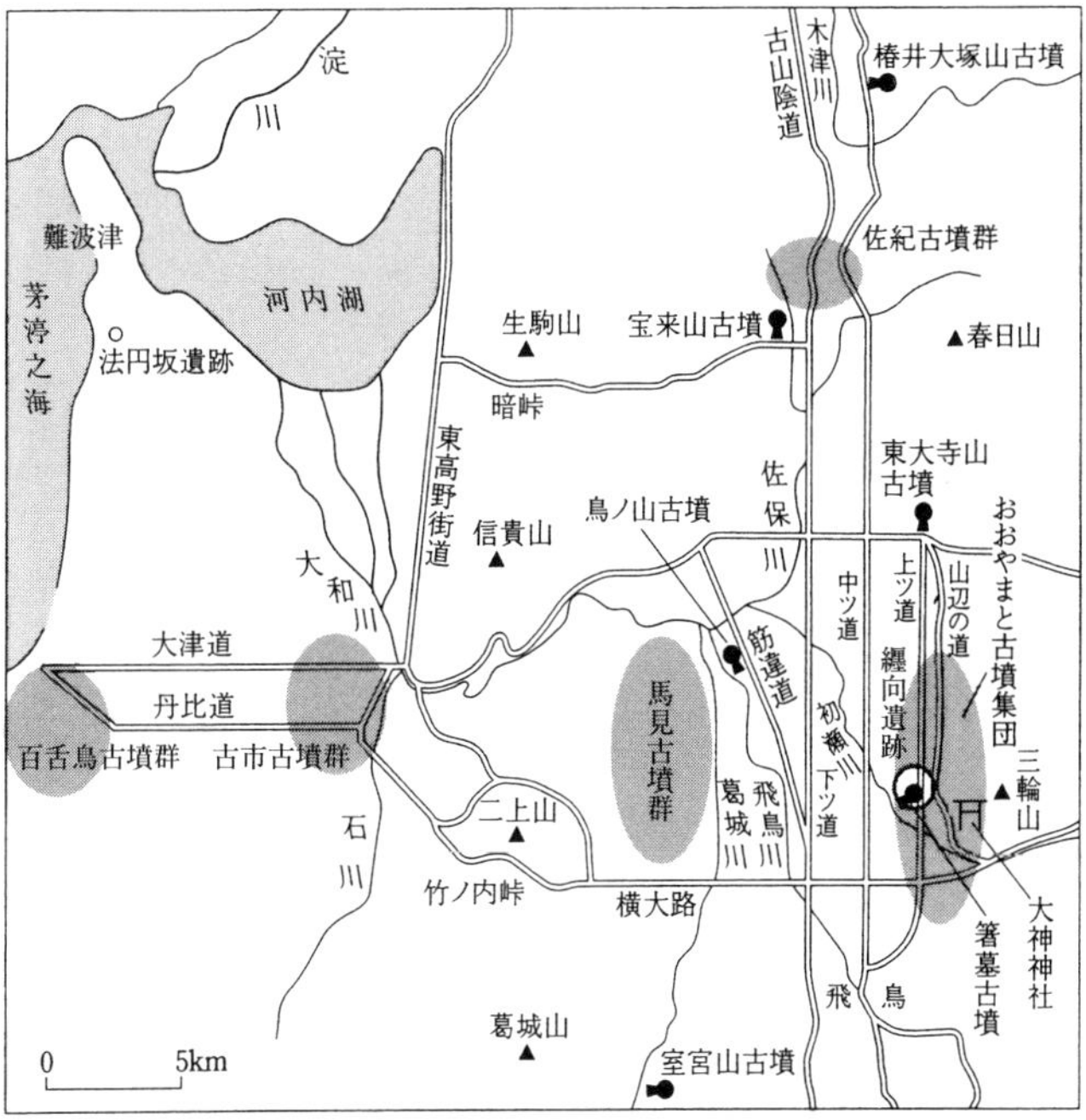

図２　畿内における巨大古墳群の変遷（寺沢薫『日本の歴史』02〈講談社，2000年〉333頁）

図３　菅原東遺跡の埴輪窯と埴輪（奈良市教育委員会提供）

桓武天皇の母高野新笠《たかののにいがさ》の母土師真妹《まいも》は毛受腹に属していたらしく、この一族は大枝《おおえ》（大江）朝臣《あそん》へと改姓している（同延暦九年十二月壬辰朔条）。そして、菅原・秋篠氏もこれに追随する形で、菅原朝臣・秋篠朝臣となった（同延暦九年十二月辛酉条）。

こうして古人らの菅原氏が先導する形で土師氏全体の改氏姓が図られたのである。ちなみに、垂仁天皇の陵墓は菅原伏見山陵で（『延喜式』巻二十一諸陵寮「菅原伏見東陵」、『続日本紀』霊亀元年〈七一五〉四月庚申条「櫛見山陵」）、奈良市尼辻西町《あまがつじにしまち》の宝来山古墳《ほうらいさん》（全長二二七メートル、四世紀末～五世紀初の築造か）に治定《ちじょう》されている。垂仁紀に野見宿禰の伝承を伝えたのは菅原氏につながる人々で、奈良時代にも官人として安定していたので、いちはやく改姓を申請することができたのかもしれない。なお、土師氏の系譜を引く人々が凶礼（葬礼）専従を停止されたのは、『類聚三代格』巻十二・十七の延暦十六年四月二十三日官符「応に土師宿禰等、例として凶儀に預るを停止すべき事」においてである。

本書の課題

古人らの言によると、土師氏はかつては吉凶両儀式に関与していたが、近年は凶礼専従になっているとある。土師氏はどのような氏族で、倭王権においていかなる活動を展開していたのであろうか。本書の表題の「正体」は「正しいあり方」「本来の姿」の意であり、天神様＝「天満自在天神」として京都の北野天満宮、福岡の太宰府天満宮や東京の湯島天神など、全国で学問の神として崇敬される菅原道真の生涯を私なりに解明しようとするものである。その探究に際して、まず曽祖父古人に至る土師氏の歴史から検討し、どのようにして学問の道につながるのかから考えてみたい。そのうえで、祖父清公《きよきみ》《きよとも》、父是善《これよし》などの父祖の事績をふまえて、九世紀後半の時代を生きた道真の諸相を考究したいと思う。

菅原道真（八四五〜九〇三年）は平安前期の学者・公卿《くぎょう》で、編著には『日本三代実録』『類聚国史』『新撰万葉集』、漢詩文集の『菅家文草《かんけぶんそう》』『菅家後集』などがあり、いずれも歴史・文学史上重要な書目である。政治史上では宇多《うだ》天皇（在位八八七〜八九七年）に起用され、蔵人頭《くろうどのとう》から議政官に昇任し、最初に関白となった藤原基経《もとつね》（八三六〜八九一年）の子時平《ときひら》（八七一〜九〇九年）と相並ぶ形で太政官《だじょうかん》の上首者になり、次の醍醐《だいご》天皇（在位八九七〜九三〇年）のときには左大臣時平とともに右大臣にまで昇進している。しかし、昌《しょう》泰《たい》四年（九〇一＝延喜元）正月、突如大宰権帥《だざいのごんのそち》に左遷され（菅原道真左降事件、昌泰の変）、大宰府下で死没した。その後、怨霊として猛威を振るったうえで、十世紀中葉には「天満自在天神」、天神様として奉祀され、今日につながる天神信仰、学問の神として崇敬される状況が成立している。

道真は基経が関白になる際の、宇多朝初期の阿衡《あこう》事件にも若干関与しており、この事件の経緯や道真の役割の有無などには、なお解明すべき点が残っている。また宇多朝には寛《かん》平《びょう》度遣唐使計画があり、道真の建議によって遣唐使は中止ないし廃止されたと考えられてきたが、近年では遣唐使派遣の是非は未解決のまま、九〇七年の唐の滅亡もあり、自然消滅になったとみるのが有力な見解である。この点を含めて、宇多朝の寛平の治と呼ばれる政治改革において道真が果たした役割いかんなども、なお不明の部分が多い。そして、昌泰の変は『大鏡』や『愚管抄《ぐかんしょう》』が時平の中傷によるものとしており、教科書や辞典類でもそのような説明をしているものが多い。しかし、基経・時平と道真の関係には新しい視点も呈されており、昌泰の変の真因に関してもさらに考究すべき点がある。こうした道真をめぐるさまざまな論点に留意しながら、学問に携わる者としても寔《まこと》に興味深いその処世と生涯、「正体」を明らかにすることを期したい。

父祖たちの足跡

土師氏の歴史

伝承の時代

『日本書紀』をひもとくと、野見宿禰《のみのすくね》の活躍に続く土師《はじ》氏関係の記事としては、まず仁徳《にんとく》六十年十月条がある。ヤマトタケルの白鳥陵《しらとりのみささぎ》の陵守《みささぎもり》を役丁《えきてい》に使役しようとしたところ、怪異が起きたため、差役を停止し、土師連《むらじ》らに授けたとあり、土師氏が陵墓の管理に関与する様子がうかがわれる。雄略九年五月条では、新羅《しらぎ》征討の将軍である紀小弓《きのおゆみ》が死去したとき、視葬者《はぶりのつかさ》を充てるといい、大伴室屋《おおとものむろや》に近隣人のよしみにより造墓を命じたところ、土師連小鳥《おとり》に命じて墓を田身輪邑《たむわのむら》に造り葬らせたと記されており、土師氏と喪葬儀礼の関係がわかる。

そのほか、雄略十七年三月戊寅条には、朝夕御膳を盛る清器の進上を命じたところ、土師連の祖吾笥《あけ》が摂津国来狭狭《くささ》村、山背《やましろ》国内村・俯見《ふしみ》村、伊勢国藤形《ふじかた》村および丹波・但馬・

因幡の「私民部《わたくしのかきべ》」（私有の部民）を進上したので、これを贄土師部《にえのはじべ》としたとあり、食事用の土器作りに従事する一族もいたようである。『新撰姓氏録《しんせんしょうじろく》』（弘仁六年〈八一五〉成立。畿内一一八二氏の系譜を集成）にも、大和国神別《しんべつ》に贄土師連がみえ、土師氏と同じく天穂日命《あめのほひのみこと》系とされる。ちなみに、天平十七年（七四五）十月十七日の大粮《たいろう》申請文書（『大日本古文書』二—四六五。食料を申請するための文書）には大膳少録《だいぜんのしょうさかん》として贄土師連佐美《さみ》万里《まろ》がみえ、この一族が食膳関係に従事していたことがわかる。

氏人の活動

以下、史料的信憑性が高い継体《けいたい》紀以降には、土師氏の氏人がさまざまな場面で活動する姿が描かれている。土師氏は持統五年（六九一）八月辛亥条で墓記提出を命じられた十八氏にはみえないが、『日本書紀』編纂の材料となる家記を提出したと考えられる。野見宿禰の伝承をはじめとする土師氏関係の記述が多く存するゆえんであろう。今、それらを年表風に整理すると、表1のようになる。

表1によると、まず土師氏の祖業である喪葬儀礼に関して、天皇や王族の殯宮《ひんきゅう》を掌《つかさど》る事例がみえる（3・5・10）。次に軍事力の発揮があり（1・2・6・8・〈11〉・12・13・14・19）、これは豪族の武力として通有のもので、表2に看取される土部《はじべ》の全国的な分布を背景とする人的・物的収取を基盤とするものである。また始祖野見宿禰は相撲《すまい》を極めており、相撲は武芸の基本となる体術であったから、土師氏の人々も武芸に通じていたのか

土師連八嶋	物部守屋の使者として蘇我馬子側に赴く
土師連磐村	蘇我馬子の命で穴穂部皇子を殺害
土師連猪手	来目皇子の殯事を掌る．土師娑婆連の祖
土師連菟	新羅使入朝の導者となる
土師娑婆連猪手	皇祖母命(吉備姫王)の喪を視る
土師娑婆連	時に大仁．上宮王家を討滅
百舌鳥長兄	東国等国司の主典
土師連身	蘇我倉山田石川麻呂を討伐
土師連八手	遣唐使の送使
百舌鳥土師連土徳	孝徳天皇の殯宮の事を掌る
土師連馬手	屯田司舎人
土師連馬手	東山軍を発する使者となる
土師連千嶋	近江朝廷方で，安河の戦いで捕獲される
土師連真敷	卒去．壬申年功により大錦上を賜与
《八色の姓で宿禰賜姓》	
土師宿禰甥	大唐学生で，新羅使に随伴して帰国 ※持統4・10・戊午条「上送学生土師宿禰甥等送使之例」
土師宿禰根麻呂	時に直広肆，藤原不比等らとともに判事に
〃	新羅弔使を問責
土師連富杼	百済救援の役で唐軍の捕虜に (→天智10〈671〉・11・癸卯条で帰朝か)

もしれない。そして、もう一つの特色として、対外関係への関与（4・9・18）や学問面での研鑽《けんさん》（16・17）も注目される。対外関係では使節として外国に赴くというよりは、外交儀礼の局面での活動が中心で、賓礼を含む儀礼全般への通暁とそれに関連する学識の深さに関わるものと考えられる。

16の土師宿禰甥《おい》は大宝律令撰定の功労者の一人として知られ（『続日本紀』文武四年〈七〇〇〉六月甲午条）、

表1　6・7世紀の土師氏

1	用明 2(587)・ 4・丙午条
2	崇峻即位前紀(587)・6・庚戌条
3	推古11(603)・ 2・丙子条
4	18(610)・10・丁酉条
5	皇極 2(643)・ 9・癸巳条
6	2(643)・11・丙子朔条
7	大化 2(646)・ 3・辛巳条
8	5(649)・ 3・己巳条
9	白雉 4(653)・ 5・壬戌条
10	5(654)・10・壬子条
11	天武元(672)・ 6・甲申条
12	元(672)・ 6・丙戌条
13	元(672)・ 7・壬寅条
14	11(682)・ 3・是月条
15	13(684)・12・己卯条
16	13(684)・12・癸未条
17	持統 3(689)・ 2・己酉条
18	3(689)・ 5・甲戌条
19	4(690)・10・乙丑条

彼が遣唐留学者（入唐年次不詳）として学修した学芸が奈辺《なへん》にあったのかがうかがわれる。17の根麻呂《ねまろ》も大宝・養老律令に関わる藤原不比等《ふひと》とともに判事《はんじ》になっており、律令に通じていたことがわかる。同時に越智《おち》山陵（斉明）造営使にも任じられているから（同文武三年十月辛丑条）、土師氏の本業である山陵の造営・管理にも従事していたことになる。同様に、12の馬手《うまて》も新羅貢物の大内《おおうち》山陵（天武）への奉献や山科《やましな》山陵（天智）造営使、持統・文武天皇崩御時の造御竈《みかま》や造山陵司の一員に名を連ねている（同文武二年正月庚辰条、同三年十月辛丑条、大宝三年〈七〇三〉十月丁卯条、慶雲四年〈七〇七〉十月丁卯条）。

なお、表1には土師氏のいくつかの系統の存在も看取できる。2・3や5・6には蘇我本宗家とつながりを有する一族の動向が知られ、5・6の土師娑婆《さば》連は蘇我本宗家とともに消長していくものと思われる。乙巳《いつし》の変後には7・11に「百舌鳥《もず》」を冠する人物、毛受《もず》

表2　土師氏の分布と土師郷・埴土郷の所在

畿内	山城	愛宕郡大野郷，相楽郡土師郷
	河内	志紀郡土師郷，丹比郡土師郷，古市郡
	和泉	大鳥郡土師郷(郡司として所見)
	摂津	?
東海道	遠江	浜名郡津築郷，長田評鴨里
	武蔵	豊島郡占方郷
	下総	葛飾郡大嶋郷，相馬郡意布郷
	常陸	那賀郡荒墓郷
東山道	美濃	安八郡(池田郡)春日郷
	上野	緑野郡土師郷
北陸道	若狭	遠敷郡木津郷・野郷，三方評耳五十戸
	越前	丹生郡賀茂郷
	越中	?(『万葉集』巻20-4047・67：遊行婦女土師)
山陰道	丹波	天田郡土師郷
	丹後	与謝郡謁叡郷原里，竹野郡間人郷
	但馬	出石郡穴見郷
	因幡	八上郡土師郷・大江里，智頭郡土師郷
	出雲	出雲郡出雲郷伊知里
	石見	迩磨郡都智郷
	隠岐	次評新野五十戸
山陽道	播磨	印南郡
	備前	邑久郡土師郷
南海道	阿波	名西郡土師郷・埴土郷
	讃岐	三木郡
西海道	筑前	穂波郡土師郷
	筑後	山本郡土師郷

(備考)「?」は郡郷名不明．評制での記載は，評制下の史料に所見することを示す．

腹《ばら》の土師氏がみえ、重用されていたようである。ただし、その後に活躍する人々がどの系統なのか、菅原氏に直接つながる人々がいるのかどうかなどは、後述の八世紀の氏人も含めて、残念ながら不詳とせねばならない。

以上を要するに、プロローグでふれた土師古人《ひるひと》らの言に土師氏が「吉凶相半して」朝廷のさまざまな役割を果たしてきたというのは、決して根拠のないものではなかったのである。しかしその後、「専ら凶儀に預る」となったという点はいかがであろうか。次に八世紀の土師氏の動向や喪葬儀礼への関与のあり方を検討してみたい。

負名氏としての土師氏

まず律令制下に喪葬儀礼を掌った治部省《じぶしょう》被官の諸陵司（寮）、喪儀司《そうぎし》の官人を一覧すると、表3のようになる。諸陵司はミササギノツカサ、天平元年（七二九）に寮に昇格しており、職掌は「陵の霊祭らむこと、喪葬凶礼、諸《もろもろ》の陵のこと、及び陵戸の名籍の事」で、「凶礼を賛《たす》け相《みちび》かむこと」を職務とする土部十人が配されていた（職員令《しきいんりょう》）。喪儀司はモテアリキモノノツカサ、「凶事の儀式、及び喪葬の具のこと」を職掌としたが、喪葬儀の音楽とも関係するためか、大同三年（八〇八）に兵部省被官の鼓吹《くすい》司に合併され、その鼓吹司も寛平《かんぴょう》八年（八九六）に兵部《ひょうぶ》省に併合されるという変遷をたどる。したがって諸陵司（寮）こそが土師氏の一大拠点となる官司であった。

表3によると、『続日本紀』前半部の記事の圧縮や諸陵正《かみ》の相当位は正六位上で、五位以上の掲載を原則とする五国史における任官記事のあり方（天平元年に寮となってからは、諸陵頭《かみ》は従五位下相当か）などの制約もあるが、奈良時代の終わりに近い宝亀二年（七七一）までは、土師氏が諸陵司（寮）の頭・助《すけ》・属《さかん》を出していた様相が看取される。一例のみであるが、喪儀司の佑《すけ》にも土師氏がみえ、宝亀十一年十二月二十五日の『西大寺《さいだいじ》資財《しざい》

表3　諸陵寮・喪儀司の官人

年　月　日	官職・位階／人名
天平 3(731)・6・13	頭・外従五位下／土師宿禰千村
5(733)・12・27	頭・従五位下／角朝臣家主
9(737)・12・23	頭・土師宿禰三目
17(745)・10・20	大允・従六位上／田辺史真上 大属・従七位下／土師宿禰年麻呂
18(746)・8・8	頭・外従五位下／土師宿禰牛勝
神護景雲 2(768)・2・18	助・外従五位下／土師宿禰位
2(768)・7・1	頭・従五位下／文室真人子老
宝亀 2(771)・7・23	頭・従五位下／甲賀王 助・外従五位下／土師宿禰和麻呂
8(777)・2・14	頭・従五位上／伊刀王
延暦 4(785)・正・15	頭・従五位下／浅井王
5(786)・10・8	頭・従五位下／八上王
10(791)・3・21	頭・従五位上／調使王
15(796)・10・27	頭・正五位上／大原真人美気
23(804)・2・18	助・従五位上／下毛野朝臣年継
大同元(806)・2・16	頭・従五位下／乙野王
3(808)・6・25	頭・従五位下／永原朝臣最弟麻呂
弘仁 3(812)・12・5	頭・従五位下／粟田朝臣飽田麻呂
13(822)	頭・従五位下／林朝臣山主
天長 7(830)	助・豊前王
承和元(834)・12・19	少允・正六位上／中科宿禰直門
6(839)・10・25	頭・正五位下／小野朝臣真野
8(841)・2・6	頭・従五位上／石作王
嘉祥 3(850)・6・19	頭・従五位下／藤原朝臣関雄
仁寿元(851)・2・8	頭・従五位上／美志真王
2(852)・⑧・23	頭・従五位下／藤原朝臣三藤
3(853)・7・21	頭・従五位上／良岑朝臣長松
斉衡元(854)・2・16	頭・従五位上／嶋江王
元(854)・3・14	頭・従五位下／丹墀真人氏永
3(856)・2・8	頭・従五位下／興岑王
天安元(857)・12・9	頭・従五位下／大枝朝臣直臣

貞観元(859)・2・13	頭・従五位下／当麻真人清雄
2(860)・2・14	頭・従五位下／藤原朝臣緒数
2(860)・6・5	頭・従五位下／藤原朝臣広守
7(865)・正・27	頭・従五位下／紀朝臣真丘
10(868)・2・17	頭・従五位下／橘朝臣葛名
元慶 3(879)・12・21	助・正六位上／林朝臣忠範
8(884)・2・28	〃
仁和元(885)・3・8	権助・藤原国直
2(886)・正・7	権助・従五位下／藤原朝臣内直
天平17(745)・10・21	喪儀司佑・正六位上／土師宿禰吉足
天平勝宝 2(750)・3・3	治部少録・正七位下／土師宿禰山万里
4(752)・4・9	治部少録・正七位上／土師宿禰虫麻呂

（備考）⑧は閏８月を示す．治部省については土師氏が見える事例だけを掲げた．

流《る》記《き》帳《ちょう》』に平城京右京一条三坊一坪に一町占地で「喪儀寮」の土地があったのは、喪葬具を保管する庫の必要性や宮内での保管を避けたためではないかと指摘されるゆえんである。

喪葬令《そうそうりょう》百官在職薨卒条には、喪葬儀礼における土師氏の役割が規定されている。

凡《およ》そ百官職に在りて薨卒せば、当司分番して喪に会せよ。親王、及び太政大臣、散一位は、治部の大輔《たいふ》喪の事を監護せよ。左右の大臣及び散二位は、治部の少輔《しょうゆう》監護せよ。三位は治部の丞《じょう》監護せよ。三位以上及び皇親は、皆土部礼制を示せ。（内親王、女王、及び内《ない》命婦《みょうぶ》も亦此《またこれ》に准《なぞら》へよ。）

五位以上の現職官人の葬儀執行に関する規定であるが、三位以上に関しては治部省の官人が喪事を監督・護助するとあり、三位以上と皇親に対しては、土部が「礼制」、すなわち職員令に記された「喪葬凶礼」を担当するとみえる。

土師氏と喪葬儀礼

では、土師氏が関与した喪葬儀礼とはいかなるものであろうか。この点は、天皇では八世紀初めの持統太上天皇から火葬が始まり、仏教的儀礼の導入によって伝統的な殯宮儀礼は徐々に後退・消失していくので、古来の喪葬儀礼の実相を知るのは難しいが、断片的ながら考察を加えてみたい。

職員令諸陵司条の土部の職務「掌賛相凶礼」に付された『令集解《りようのしゆうげ》』の明法家《みようぼうか》の注釈のなかでは、義解《ぎげ》の「土師宿禰、年位高進の者は大連《おおむらじ》と為り、其の次は小連《こむらじ》と為り、並びに紫衣《しえ》・刀剱《つるぎ》して、世々凶儀を執る」、穴記《あなき》の「凶礼を賛け相かむことてへるは、手を就きて死者を治むる也」とあるのが、やや具体的である。ただ、これでは土師氏がどのような役割を果たしていたのかはなかなか想像しがたい。

そこで、喪葬の場面での役割や行動がわかる事例を探ると、記紀のアメノワカヒコの喪屋での殯礼では、持傾頭者《きさりもち》（岐佐理持、死者の食を戴く、あるいは頭を挙げる者）、持帚者《ははきもち》（喪屋を掃く箒をもつ者）、尸者《ものまさ》（死者に代わって、殯礼をうける者）、舂女《つきめ》（碓女《うすめ》、奠《てん》に奉る米を舂く者）、哭女《なきめ》（葬礼にあたって泣く役）、造綿者《わたつくり》（綿を水に漬けて、死者を沐浴させる、あるいは死者の斂衣《れんい》を造る者）、宍人者《ししひと》（死者に食を具える者）などがみえている。また喪葬令親王一品《いっぽん》条に登場する遊部《あそびべ》の存在も興味深い。

『令集解』古記《こき》（大宝令の注釈書、天平十年〈七三八〉頃成立）によると、遊部は垂仁《すいにん》天皇の後裔で、大和国高市《たかいち》郡に所在しているという。天皇崩御の際に殯所で供奉する役割で、二人が禰義《ねぎ》と余比《よひ》になり、禰義は刀・戈《か》をもち、余比は酒食と刀をもって殯宮内に入って供奉するとあるが、その「申辞《しんじ》」（申し述べる言葉）は秘事なのでわからないと記されている。彼らは死者に食事を奉り、会話して死者の魂を安寧に導く役目を果たしたらしく、雄略天皇崩御のときには、この遊部が途絶しかけていたので供奉できず、天皇の魂が荒ぶり、遊部の継承者を捜し出して何とか鎮めたともみえる。ただし、奈良時代にはもう遊部の存在・活動は不詳になっており、古記は「野中・古市人の歌垣《うたがき》の類」であるとし、遊部に代わる鎮魂歌や歌舞がなされていたのではないかと考えられる。

こうした事例と土師氏の大連・小連が紫衣・刀釼をもって凶儀を掌ったとあることを勘案すると、土師氏は直接遺体にふれ、殯宮内での奉膳など、死者と最も近い場所で役割を果たしていたのではないかと思われ、それゆえに凶儀担当者として忌まれたのであろう。これは土師氏には楯節舞《たてふしのまい》の担当も知られ（職員令雅楽寮条集解古記所引大属《だいさかん》尾張浄足《きよたり》説）、これは軍事と鎮魂（『日本書紀』持統二年〈六八八〉十一月戊午条に大内陵への奉進あり）の両方に通じるものであったと目される。埴輪の起源・意味合いには諸説があるが、土師氏のこの役柄との関係では、殯宮での儀礼を恒常的な形で示すことによって、死魂を鎮めておくという効果が期待されたのかもしれない。

そのほか、地震にともなう陵墓の点検のために諸王・真人《まひと》（皇親に与えられた最高位の姓）といった王族とともに土師宿禰一人を派遣する（『続日本紀』天平六年〈七三四〉四月戊申条）、新羅征討のための軍旅調習に際して神功《じんぐう》皇后を奉祀する香椎《かしい》廟に奉幣《ほうべい》するときに、参議藤原巨勢麻呂《こせまろ》とともに土師犬養《いぬかい》を派遣する（同天平宝字六年〈七六二〉十一月庚寅条）、淡路廃帝（淳仁《じゅんにん》天皇）を改葬する際に三方《みかた》王とともに土師和麻呂《やまとまろ》を派遣する（同宝亀三年〈七七二〉八月丙寅条）などがあり、土師氏が実務を掌ったと考えられ、たしかに土師氏は奈良時代の終わり頃まで凶礼に深く関与していたとみられる。ちなみに、藤原宮跡の東大溝ＳＤ一〇五出土木簡には、諸陵司が土師宿禰広庭《ひろにわ》・国足《くにたり》・大海《おおあま》らを召喚する召文《めしぶみ》があり（『飛鳥・藤原宮発掘調査出土木簡概報』十一七頁）、諸陵司での勤務状況がうかがわれる。

氏人の多彩な活躍

しかし、土師氏は凶礼のみに携わっていたのではない。七世紀末〜八世紀初の馬手・甥・根麻呂については上述したところであるが、同時期に活躍する大麻呂《おおまろ》は新羅使を筑紫で迎える使者に起用されており、外交儀礼にも従事したことがわかる（『続日本紀』文武元年〈六九七〉十一月癸卯条）。外交面では豊麻呂《とよまろ》が遣新羅大使になっており（同神亀元年〈七二四〉八月丁未条）、天平八年遣新羅使一行のなかに稲足《いなたり》がいたことも知られる（『万葉集』巻十五―三六六〇）。

軍事面では、中衛舎人《ちゅうえのとねり》土師宿禰関成《せきなり》らを大宰府に派遣し、大弐《だいに》吉備真備《きびのまきび》のもとで諸葛《しょかつ》亮《りょう》八陣《はちじん》、孫子《そんし》九地《きゅうち》および結営向背《けつえいこうはい》を学習させたといい（『続日本紀』天平宝字四年〈七六〇〉十一月丙申条）、軍事技術・軍略の修得に努める人物がいた。また平城宮跡出土西宮《にしのみや》兵衛《ひょうえ》木簡や二条大路木簡には門の警備にあたる土部の存在が知られ、これも武力で奉仕する人々の存在を示す事例である。

学芸の分野では、首皇子《おびとのみこ》（聖武天皇）の帝徳涵養のために「退朝の後、東宮《とうぐう》に侍《はべ》らしむ」とされた人物のなかに、山田三方《やまだのみかた》・山上憶良《やまのうえのおくら》・紀清人《きのきよひと》・越智広江《おちのひろえ》・楽浪河内《ささなみのかわち》ら当代一流の学問者として知られる人々とともに、土師宿禰百村《ももむら》の名がみえるのが注目される（同養老五年〈七二一〉正月庚午条）。彼は天平二年（七三〇）には大宰府に在職しており、帥大伴旅人《そちおおとものたびと》主催の梅花宴《ばいかのえん》にも「少監《しょうげん》土氏百村」として登場する（『万葉集』巻五―八二五）。また奈良時代後半に活動した弟勝《おとかつ》（乙勝）は、遣唐請益生《しょうやくしょう》の経歴がある膳大丘《かしわでのおおおか》とともに、興福寺善殊《ぜんしゅ》の弟子で、秋篠寺《あきしのでら》にも止住していた常楼《じょうろう》と外典《げてん》（儒教の教典）の学習をしたといい（『日本後紀』弘仁五年〈八一四〉十月乙丑条）、文人・僧侶の交流による内・外典の研鑽ぶりがうかがわれる。

以上の三つは八世紀以前の土師氏の活動にもみられ、多くの氏人が存在する土師氏が、負名氏《なおいのうじ》としての祖業だけでなく、多様な役割を果たしていたことを示している。『万葉集』巻十六―三八四四・四五の戯歌には、「黒き色なるを嗤笑《あざわら》ふ歌一首」に対して、「答ふる歌一首」として、

駒造る　土師の志婢麻呂《しいまろ》　白くあれば　うべ欲しからむ　その黒き色を

とあり、色白の大舎人《おおとねり》土師宿禰水通《みみち》（字《あざな》志婢麻呂）と色黒の大舎人巨勢朝臣豊人《あそんとよひと》（字正月《むつき》麻呂《まろ》）の掛け合いが残されている。豊人が水通に返した歌中の「駒造る」は、形象埴輪の土馬を造っていた土師氏の祖業にかけたものと目されるという。ここでは大舎人として天皇の側近くに侍り、他氏族の人々と交わりながら、官人としての素養を積み、律令官人として活動しようとする様子が看取される。

国史・正倉院文書には民部《みんぶ》省、兵部省、図書《ずしょ》寮、掃部《かもん》寮、贓贖《ぞうしょく》司、紫微中台《しびちゅうだい》などの中央諸官司、造東大寺司の官人や写経生《しゃきょうしょう》、地方官など、多彩な分野での土師氏の存在が散見する。また長屋王家木簡・二条大路木簡には長屋王家・藤原麻呂家などの王貴族の家政を支える人々がいたことが知られる。そのほか、糺政台《きゅうせいだい》（弾正台《だんじょう》）少疏正《しょうさかん》八位上土師宿禰嶋村《しまむら》は、水旱による飢饉で都でも東西市において乞食する者が多いのを見て、私財で窮弊者十余人を資養したとして褒賞され、一階の昇叙に与っており、資養褒賞規定を定める動因になっている（『続日本紀』天平宝字八年〈七六四〉三月己未条）。こうした社会活動

にも目配りする氏人がいたのである。

菅原姓に改姓した古人は桓武天皇の侍読《じとう》で、遠江介の官歴を有しており（同延暦四年〈七八五〉十一月甲申条）、秋篠姓になった安人は少内記《しょうないき》（中務省の職員）であって（同延暦元年五月癸卯条）、彼らは祖業ではなく、学芸の分野での展開を志向していたと考えられる。すでに奈良時代を通じて土師氏が凶礼専従ではなく、律令官人としてさまざまな活動を行っており、桓武朝における天皇のあり方の変化、国忌《こき》と山陵奉幣による宗廟《そうびょう》的な祖先祭祀の始まりなどもふまえて、これが負名氏からの脱却、改姓後のそれぞれの氏姓での活躍につながっていくのであろう。

菅原の地との関係

最後に菅原姓の由来になった菅原の地との関係にふれておきたい。

平城京での菅原氏の本拠地は、右京三条三坊九・十・十四・十五・十六坪の菅原寺や右京三条四坊の延喜式内社である大和国添下《そうのしも》郡菅原神社などの存在から、この周辺に存したものと思われる。『新撰姓氏録』では菅原朝臣は右京神別下に掲載されており、平安京でも当初菅原氏は右京に居住したことがわかる。これは旧京と新京での居住地の対応・継続という事象とも照応している。延喜諸陵寮式には垂仁天皇の菅原伏見東陵と安康天皇の菅原伏見西陵があり、記紀でも菅原伏見陵・菅原御立野中と菅原伏見岡と記されているから、この一帯が菅原の地であったことはまちがいない。

ただし、菅原寺（喜光寺《きこうじ》）は菅原氏の氏寺ではなく、行基《ぎようき》建立四十九院の一つとして知られる。『行基年譜』には行基五十五歳のとき、養老六年（七二二）に造営したといい、天平勝宝元年（七四九）二月二日に行基は八十二歳で菅原寺東南院にて入滅したとあり、平城京での重要な活動拠点になっていた。『行基菩薩伝』によると、菅原寺は寺史乙丸《てらのふひとおとまろ》の居宅を寄進したものであり、正倉院文書中の優婆塞《うばそく》貢進文（在家の仏教修行者が出家を申請する手続きに関係する文書）にも右京三条三坊の戸主寺史足の戸口寺史妹麿《いもまろ》の名がみえる（『大日本古文書』二十四―三〇一）。したがって菅原の地には、土師氏以外の人々も多く居住していたと考えられる。

ところで、平城京遷都の前提として、『続日本紀』和銅元年（七〇八）十一月乙丑条に、

菅原の地の民九十余家を遷す。布と穀とを給ふ。

とあり、それに先立つ九月には十四日に「菅原」に行幸、二十日に「平城」に巡幸して、その地形を観るとあるから、この現地視察をもとに、九十余家の移動が命じられたのであろう。この記事に関しては、「平城京の京域内に入る民家を移転させたもの」とする解釈があるが（新日本古典文学大系『続日本紀』一〈岩波書店、一九八九年〉一四四頁脚注）、それでよいのであろうか。これは菅原の地を右京三条三坊周辺と狭く理解することが大前提であるが、プロローグでも触れたように、菅原寺の東、右京三条三坊三・四・五・六坪の菅

原東遺跡では六世紀前半～後半の埴輪窯が検出されている。この周辺は菅原氏の拠点として変わることはなく、当地からどこかへ移転したということは考え難いし、平城遷都後も右京のこの一帯は菅原氏の居住地であったと目される。

そうすると、むしろ平城宮の宮地の占地に際して、そこに居住する人々を移動させたと

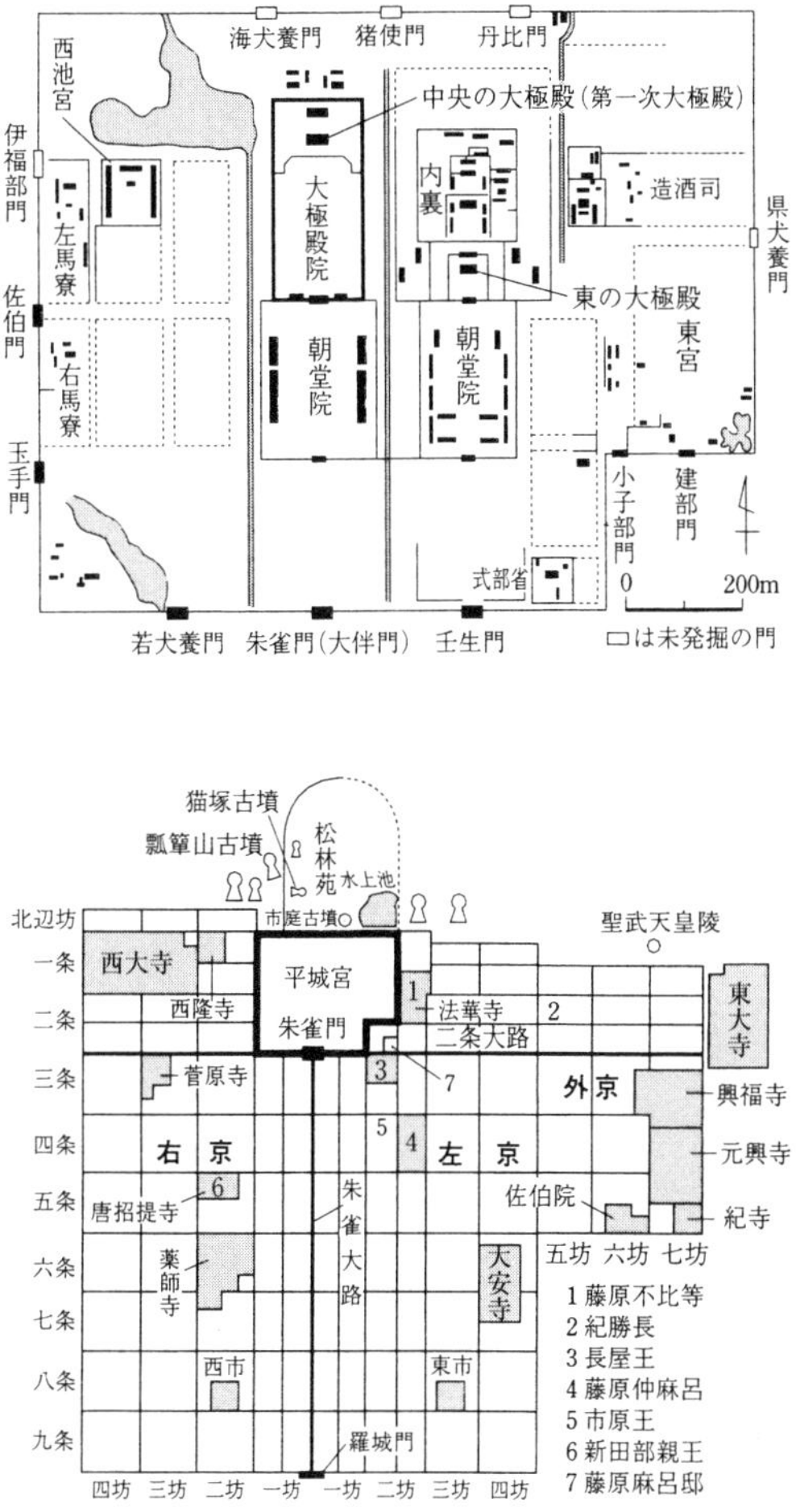

図4　平城宮・京の図（渡辺晃宏『日本の歴史』04〈講談社, 2001年〉103・109頁）

みる方がよいのではあるまいか。造平城京司に対して、墳墓を発掘した際は、遺骨などをきちんと埋葬し、幽魂を慰めるようにと指示しており（同和銅二年十月癸巳条）、平城宮においても四世紀後半～五世紀の巨大前方後円墳が点在する佐紀《さき》古墳群の一部を削平して整地作業が行われたことがわかっている。すなわち、現在平城《へいぜい》天皇陵に治定されている円墳は、市庭《いちにわ》古墳と称される二五〇メートルクラスの前方後円墳の後円部が残存したものであり、内裏・東区大極殿の付近には明野《あけの》古墳と称する一〇〇メートルクラスの前方後円墳があった。また櫛見《くしみ》山陵（垂仁）に守陵《はかもり》三戸、伏見山陵（安康）に四戸を充てたとあるのも、平城遷都にともなう措置であったと考えられる（同霊亀元年〈七一五〉四月庚申条）。

佐紀古墳群には神功皇后陵（狭城《さき》盾列《たてなみ》池上陵）、成務天皇陵（狭城盾列池後陵）、磐《いわ》之《の》媛《ひめの》命《みこと》墓（平城《なら》坂上《さかのえ》墓）などがあり、左京域には開化天皇陵（春日率川《いざかわ》坂上陵）が存したが、遷都にともなう措置は「菅原」の地名を冠する二つの陵墓に対してのみ講じられている。平城宮跡壬生《みぶ》門北方の発掘調査では弥生時代の竪穴建物も検出されており、宮域には古くから居住者がいた痕跡が知られる。以上を要するに、「菅原の地の民九十余家」は宮域内に入る民家を移転させたものと解すべきであり、菅原の地は平城京を含む右京の北半部に広がる土地であったと推定するのである。

奈良の都の建設に際して、菅原氏、また秋篠氏につながる土師氏たちは、新しい都が自分たちの居地に築造され、律令官人としてのさらなる活動を期待したことであろう。そして、負名氏からの転換を求めて、菅原姓、秋篠姓となり、長岡・平安京への遷都を迎え、菅原氏には大きな展開が待っていたのである。

曽祖父から父まで

曽祖父古人とその家系

道真につながる菅原氏は、奈良時代の終わり頃、天応元年（七八一）に曽祖父古人のとき、土師宿禰から改姓したことに始まる。『尊卑分脈《そんぴぶんみゃく》』の菅原氏の系図には、天穂日命の十四世孫野見宿禰が垂仁朝に土部臣を賜り、その三世孫の身《み》が仁徳《にんとく》朝に土師連になり、その十一世孫の古人が天応元年に菅原姓を改賜されたとあり（第四篇五七頁）、古人の父として宇庭《うきにわ》を挙げて、そこから系譜が始まるようになっている。しかし、宇庭は「阿波守、勘解由《かげゆ》長官、従四位下」とあり、勘解由使の設置年次（延暦十六年〈七九七〉頃）からは古人の父とするのは疑わしい。

宝賀寿男編『古代氏族系譜集成』（古代氏族研究会、一九八六年）中巻には、『百家系図稿』などに依拠して、甘美韓日狭命《うましからひさのみこと》―野見宿禰―阿陀勝《あたかつ》―磐根《いわね》―身―意富曽婆《おおそば》―小鳥―

咋子《くいこ》—大保度《おおほど》—首《おびと》—八嶋《やしま》—身—根麿《ねまろ》（根麻呂）—甥《おい》—宇庭—古人の系譜を示すが、根麻呂と甥は同世代と目されるなど問題点が多く、諸書に登場する人物をつなぎ合わせ、不明部分を創出した感が強い。したがって古人に至る菅原姓に改姓した土師氏の家系は、不明とせざるをえない。

古人に関しても、桓武天皇の侍読であったこと、遠江介従五位下の官位を有していたことなどくらいしかわからない。男子が四人いたが、古人は学問の研鑽に傾倒し、家財に乏しく、家人は寒苦していたといい、桓武天皇は学業に励む四人の男子に衣粮《いろう》（衣服と食物）を支給するという配慮を示している（『続日本紀』延暦四年〈七八五〉十二月甲申条）。その第四子が道真の祖父清公《きよきみ》《きよとも》であり、菅原氏隆盛の礎を築いた人物である。

古人の子息、清公の兄弟に関しては、辞典類では『菅家御伝記』に長男とある道長、『菅原氏系図』（群書類従《ぐんしょるいじゅう》）にみえる清岡《きよおか》、清人《きよひと》が挙げられている（坂本太郎・平野邦雄監修『日本古代氏族人名辞典』〈吉川弘文館、一九九〇年〉）。清岡は事績不詳、清人は『尊卑分脈』にもみえるが、事績は記されていない。道長については、天平十八年（七四六）八月に越中国史生《ししょう》（書記役の下級国司）として登場する土師宿禰道良《みちよし》（『万葉集』巻十七—三九五三）と同一人物とする見解があり、道長はまた、天平宝字四年（七六〇）十一月七日摂津国西生《にしなり》郡美努《みの》郷庄地売買券の天平宝字五年正月二十八日摂津職判に摂津職少属《しょうさかん》正七位下（『大日本古文書』四―四四八～四四九）、『続日本紀』延暦十年（七九一）正月戊辰条で外従五位下から従五位下になるという経歴が判明する。これらの活動時期や古人とともに改姓を申請していることからは、道長は古人と同世代の人物と考えるべきであろう。

国史をひもとくと、清公と同世代の菅原氏の人物としては常人《つねひと》、門守《かどもり》、清人《きよひと》が知られる。常人は河内国出身なので（『日本後紀』延暦十五年七月戊申条）、平城京居住の土師氏とは系統を異にしていた。門守は延暦十八年に従五位下で、隼人正《はやとのかみ》、主殿助《とのものすけ》などの任官がみられるが（同二月甲午・九月辛亥条）、その官歴からは学業に努めたという古人の子とは考えがたい。清人は『尊卑分脈』には清公の兄弟として挙げられ、事績は記されていないが、国史によると、弘仁二年（八一一）正月甲午条で従七位下から従五位下、同三年正月辛未条では時に大内記で、兼肥後大掾《だいじょう》、四月丙午条で兼肥後介、八月丙子条で主殿頭《とのものかみ》とあり、『日本文徳天皇実録』天安元年（八五七）十月丙子条の南淵永河《みなぶちのながかわ》卒伝には、嵯峨天皇の東宮時代に朝野鹿取《あさののかとり》・小野岑守《おののみねもり》・菅原清人が読書に侍ったとある。

「清」の通字、詔勅の起草を担当するため文章能力が求められる大内記の官歴や学業での奉仕など、清人は清公の兄弟の可能性がある。また『経国集』巻一には「和少輔の鶺鴒《せきれい》賦《ふ》に和す」の詩文もみえている。ただし、後述の清公の経歴と比べると、叙爵《じょしゃく》の年次が遅く、年少者と目される。そうすると、古人には五子（以上）の男子がいたのであろうか。

延暦四年に古人の四男である清公は十六歳であったから、清人が清公の弟とすれば、大学入学年齢（学令大学生条では十三歳以上、十六歳以下）になっていなかったので、衣粮支給対象ではなかったと説明することができる。ただ、清人のその後や子孫の有無は不明であり、古人の子息のなかではやはり清公だけがその動向や家系の展開がわかる人物ということになる。

なお、九世紀にはそのほかにも何人か菅原姓の男女の活躍が知られる。承和度遣唐使の知乗船事菅原朝臣梶成《かじなり》とその兄と思しき梶吉《かじよし》は、『続日本後紀』承和元年（八三四）五月丙子条で菅原宿禰から朝臣になっているので、傍系あるいは別系的存在であったと考えられ、また菅原朝臣峯嗣《みねつぐ》は本姓出雲臣、医術の家系、出雲宿禰への改姓を経て、貞観十年（八六八）に菅原朝臣になっており、こうした人々も含まれていた。

祖父清公と延暦度遣唐使

そこで、以下、『続日本後紀』承和九年（八四二）十月丁丑条の薨伝《こうでん》を中心に、清公（七七〇～八四二年）の生涯を整理してみたい。清公は年少のときから経史、つまり儒教と歴史に通暁し、延暦三年（七八四）、十五歳で詔《みことのり》により東宮に陪従《べいじゅう》したという。東宮は桓武天皇の弟早良《さわら》親王で、翌年の藤原種継《たねつぐ》殺害事件への関与を疑われ廃太子《はいたいし》、乙訓《おとくに》寺に幽閉され、淡路に移送される船中で死没している（『日本紀略』延暦四年九月庚申条）。この年には古人の四子に衣粮が支給されるという優待があり、まだ年少者であった清公は、連坐などに処せられることはなかったようである。ついで弱冠二十歳で奉試（文章生試という試験を受けること）、文章生《もんじょうしょう》（進士とも。定員二十人）になり、学業優秀につき文章得業生《とくごうしょう》（秀才とも。定員二人）に推挙されて、延暦十七年、二十八歳で対策という国家試験に合格、学問の道から官吏登用へと進み、最初の任官は大学少允《しょうじょう》という寔《まこと》にふさわしい官職に就いた。

以上の清公の足跡には、清人のところで触れたような大学入学年齢の時期に大学に入学して、大学生として学業に専念していたことが大前提になる。大学はもちろん大宝令制には存在していたが、奈良時代においては三位以上の子・孫、五位以上の子には蔭位《おんい》の制により二十一歳以上で相応の位階が与えられることになっていた。また、八位以上の子にも位子《いし》の制度があり、官人として有利な道を進むことができたこともあって、官人の子弟が大学を経て出仕することはあまりなかった。そうしたなか、即位前に官人として大学頭の経歴も有する桓武天皇は、大学の振興を図り、天皇の唐風化とともに、律令官人にも中国的教養を身につけることを奨励する方策を推進している。清公は奈良時代後半の碩学者《せきがくしゃ》土師（菅原）古人の子として、歴史と文学を学修する紀伝道《きでんどう》の学生である文章生を経て出仕する流れを盛んにした最初期の人物の一人となったのである。

そして、以後の清公の活動に関連しては、延暦二十一年（八〇二）、三十三歳で延暦度遣唐使の一員に起用され、入唐した経験が大きく作用している。遣唐使の構成員と行程は表4の通りである。清公は時に正六位上で、第三等官である判官《はんがん》として渡海しており、おそらく副使石川道益《いしかわのみちます》の第二船に同乗していたと考えられ、道益が唐で客死したため、副使格として一行を統括するという重責を担うことになる。

遣唐使は延暦二十二年四月に難波津《なにわづ》を進発したが、すぐに暴風疾雨により船が破損し、明経請益大学助教《みょうぎょうしょうやく》豊村家長《とよむらのいえなが》は漂没死するという悲運に見舞われ、結局、この年の渡航は中止、翌年に再度出発している。今回の遣使では請益僧《しょうやくそう》最澄が天台宗、留学《るがく》僧空海が真言宗を将来しており、奈良時代後半における鎮護国家の仏教の強調や僧侶の政治介入などに対して、仏教界の刷新を企図していた桓武天皇の意思に即して新しい宗派の確立が実現していく端緒になった。そして、ここに明経道《みょうぎょうどう》の請益生派遣が知られるように、学芸面の振興も図られており、留学生《るがくしょう》橘逸勢《たちばなのはやなり》は書、そのほか、囲碁や舞・笛など音楽関係の請益生の参加がわかっており、礼楽の唐風化も一つの目的であったと考えられる。

入唐留学・請益者だけでなく、今回の使人には清公を筆頭に、大学を経て出仕した官人群が登用されていた。録事上毛野頴人《かみつけののえいひと》は文章生として学ぶ簡単な歴史を学習しており、入唐中に訳語が通訳に困った場合に、文章で唐人に意を伝達する場面があったという（『類聚国史』巻六十六、弘仁十二年〈八二一〉八月辛巳条卒伝〈五十六歳〉）。准録事朝野鹿取（本

表４　延暦度遣唐使の構成員と行程

〔構成員〕

大使	従四位下藤原朝臣葛野麻呂①	
副使	従五位下石川朝臣道益② …唐で客死	『日本後紀』延暦24・7・壬辰,8・壬子条,『続日本後紀』承和3・5・戊申条
判官 (4人)	正六位上菅原朝臣清公② →副使格に昇格か	『続日本後紀』承和9・10・丁丑条薨伝
	正六位上三棟朝臣今嗣③	『日本後紀』延暦24・7・癸未条
	正六位上甘南備真人信影①ヵ …唐で客死	『日本後紀』延暦24・7・壬辰条,『続日本後紀』承和3・5・戊申条
	正六位上高階真人遠成④	『類聚国史』巻99大同元・12・壬申条
録事 (4人)	正六位上上野朝臣頴人	『類聚国史』巻66弘仁12・8・辛巳条卒伝
	正六位上山田造大庭①	
准録事	朝野朝臣鹿取	『続日本後紀』承和10・6・戊辰条薨伝
訳語	正六位上笠臣田作(准判官兼訳語)	
留学僧	空海①,霊仙	
請益僧	最澄②—沙弥義真,従者丹福成,経生真立人	
留学生	橘朝臣逸勢	
請益生	粟田朝臣飽田麻呂,大伴宿禰少勝雄〔碁師〕,久礼真蔵(茂)・和迩部嶋継〔舞生〕,丹部頭麻呂〔横笛〕,明経請益大学助教豊村家長	

(備考)人名の次の丸数字は乗船した船の番号.甘南備信影については,第二船に副使と判官菅原清公が乗船していることから推して,残る一人の判官である信影は第一船に乗船していたと考えた.

〔行程〕

延暦22(803)	
3・18	朝堂院にて拝朝
29	大使・副使に餞宴
4・ 2	辞見．節刀を賜与
14	難波津にて乗船
16	進発→暴風疾雨により船が破損．明経請益大学助教豊村家長は漂没
25	大使が上表
28	典薬頭藤原貞嗣・造宮大工物部建麻呂を遣し，遣唐使船と破損雑物を理む
5・22	節刀を奉還．船舶損壊により渡海できず〔第一回目の渡海失敗〕
延暦23(804)	
3・ 5	拝朝
25	大使・副使に餞宴
26	節刀賜与
7・ 6	肥前国松浦郡田浦より入海
7	第三・四船と交信不能になる(→遭風漂廻)
8・10	第一船は福州長渓県赤岸鎮に到着 ※第二船は明州に到着／副使石川道益は客死／判官菅原清公ら27人は9月1日に上京し，11月15日に長安城に到着
10・ 3	福州府に至る．23人のみ上京を認められる
11・ 3	長安に進発
12・21	長楽駅に到着
23	内使趙忠が郊労→長安城に入り，外宅に安置．菅原清公らと合流
25	宣化(政ヵ)殿にて礼見．次いで麟徳殿にて対見．「所請並允」，官賞あり
延暦24(805)	
正・ 1	含元殿にて朝賀
2	唐・徳宗が不予→13日崩御
28	使人ら素衣冠を着して，「諸蕃三日」の規定により朝夕挙哀．順宗が即位
2・10	使人ら帰国を希望．内使王国文が明州まで監送する

3・29	越州永寧駅に到着．王国文はここで勅函を渡し，越州の使が明州まで監送
4・1	録事山田大庭が福州から船を回漕して明州に到来
3	明州に到着
5・18	明州より2船(第一・二船)が解纜
6・5	対馬島下県郡阿礼村に帰着
17	第二船，肥前国松浦郡鹿島に帰着
7・4	第三船，肥前国松浦郡庇良島より発して遠値嘉島に向かうも，南風により孤島に漂着・座礁し，判官三棟今嗣らは岸上に辿り着くが，さらに船が流されて，官私雑物を失う
16	朝廷より譴責
12	高階遠成，唐に来貢(長安に到来)〔第四船の渡海〕
大同元(806)	
正・28	第四船の判官高階遠成，唐の告身を得る
10・22	高階遠成，空海らとともに帰朝

姓忍《おしぬ》海原《みはら》連）は、大学では漢音を修得し、音生を経て出仕したが、後に紀伝道を学修、文章生になったという経歴を有している（『続日本後紀』承和十年〈八四三〉六月戊辰条薨伝〈七十歳〉）。清公を含めて、彼らは使人拝命時にいずれも三十代で、高い学識や漢音への通暁など、桓武天皇の育成にかかる官人群が、その能力を国際舞台で発揮する時宜にあったといえよう。

ちなみに、二度目の進発の際、第一・二船は渡海を果たし、第一船は遣唐使の歴史のなかで最も南になる福州《ふくしゅう》に到着、労苦して長安《ちょうあん》に入京することになるが、第二船とともに無事帰朝することができた。大宝度以降の「二十年一貢」を原則とする後期遣唐使としては、四船すべてが入唐を果たしていない回もあり、これで日唐通交の使命を完遂したことになるはずである。しかし、不思議なことに、今回は第一・二船が帰朝した後に、渡海できなかった第三・四船が出発しており、第四船は一年遅れで入唐した。このため本来は次の遣唐使が来るまで在唐して長期留学すべきであった空海は、中国密教の正統を継承する恵果《けいか》の最後の受法者として密教の体系を伝授されていたため、橘逸勢ともども、第四船の判官高階遠《たかしなのとお》成《なり》に随伴して早期に帰国することができた。次の承和度遣唐使は三十三年の間隔があり、これだと空海は受法の成果を伝えることができなかった可能性が高い。第四船の渡海・帰朝は、真言宗隆盛の重要な要因であった。

第四船の遅れての到来については、空海を迎えに行ったとする説もあるが、当時の日唐間には遣唐使以外の通交手段はなく、空海が密教を修得したか否かなども日本の朝廷には不明であるから、そうした派遣理由は考えがたい。遣唐使帰朝後に「大唐信物《だいとうしんもつ》」が香椎宮、諸山陵、伊勢太神宮に奉献されており（『日本紀略』大同二年〈八〇七〉正月辛丑・丙子、八月癸亥条）、公卿にも「大唐信物綾錦香薬《あやにしきこうやく》等」が班賜《はんし》されている（同正月丙辰条）。「唐《から》物《もの》」の語の初見は延暦度遣唐使以後にあり（『日本後紀』大同三年十一月戊子条）、承和度にも「唐物」の入手と奉幣・班賜が重視されているので、あるいはこうした唐物の獲得、物実としての唐の文物の移入にも意が注がれる端緒が延暦度にあり、そのために第三・四船の進発があったと考えておきたい。

唐風化を推進

さて、清公は帰朝後に従五位下を授けられ、大学助に昇任、大同元年（八〇六）～弘仁三年（八一二）には尾張介として外国《げこく》（畿外の国）に赴いている。その統治は刑罰を用いず、「劉寛之治《りゆうかんのち》」（後漢の劉寛が部下の小吏に過失があると、蒲《かば》の柔らかい鞭《むち》で打って罰し、恥を示すだけであったという故事）を施したといい、地方官としての治績・能力も示したことになる。帰京後には左京亮《すけ》、ついで大学頭になり、弘仁四年に主殿頭、同五年右少弁から左少弁、さらに式部少輔と転任し、同七年には従五位上に加叙、阿波守を兼帯する。そして、同九年にはさまざまな分野で唐風化を推進するのであった。

これは嵯峨天皇の詔をふまえて実施されたもので、天下の儀式、男女の衣服を唐法に依拠したものにし、五位以上の位記を唐に倣った書式に改め、平安宮の諸宮殿院堂門閣には新額を着け、百官の舞踏礼を許可したという。『日本紀略』弘仁九年三月丙午条には、「其の朝会の礼及び常に服する所の者、又卑しきもの貴きものに逢いて跪《ひざまず》くこと等は、男女を論ぜず、改めて唐法に依れ」とあるので、魏志倭人伝以来の習俗で、天武朝、大宝令制定時などにも矯正しようとした跪礼《きれい》はなお優勢であったらしく、これを唐風の立礼に転換するにはなお尽力が必要であったことがわかる。位記に関しては、『朝野群載《ちようやぐんさい》』巻二十に「異朝賜本朝人位記」として、上述の遣唐判官高階遠成が唐で官賞に与った際の告身が掲載されており、こうした現物をもとに変更が行われたのであろう。
平安宮の殿舎・諸門の新額については、宮城十二門の名称を唐風に改めたことが知られる。それまでは律令制成立以前から門の警備を担当してきた氏族（門号氏族）に基づく命名がなされていたが、佐伯《さえき》門→藻壁《そうへき》門のように、発音は類似するが、門号氏族名がわからないような唐風の呼称に改変するという方法がとられた。これだと、由来を知る者にとっては門号氏族の痕跡も残り、軋轢《あつれき》が少なかったと思われるが、やがては唐風の門号が浸透・定着するというしくみになっているのであろう。

さらには天皇自身の唐風化も完成していく。『日本紀略』弘仁十一年二月甲戌条の詔には、大小の諸神事・季冬の諸陵奉幣には帛衣《はくい》、元日朝賀には袞冕《こんべん》十二章、朔日の受朝・聴政や蕃国使《ばんこくし》との謁見、奉幣と大小の諸会には黄櫨《こうろ》

表5　宮城十二門門号一覧

		弘仁式	貞観式	延喜式	拾芥抄(或書云)	
東面	北	県犬養門	山門	陽明門	陽明門	若犬甘氏
	中	山門	建部門	待賢門	待賢門	山氏
	南	建部門	的門	都芳門	郁芳門	建部氏
南面	東	壬生門	壬生門	美福門	美福門	壬生氏
	中	大伴門	大伴門	朱雀門		
	西	若犬養門	若犬養門	皇嘉門		
西面	南	玉手門	玉手門	談天門	談天門	玉手氏
	中	佐伯門	佐伯門	藻壁門	藻壁門	佐伯氏
	北	伊福部門	伊福部門	殷富門	殷富門	伊福部氏
北面	西	海犬養門	海犬養門	安嘉門	安嘉門	海犬甘氏
	中	猪使門	猪使門	偉鑒門	偉鑒門	猪使氏
	東	丹治比門	丹治比門	達智門	達智門	丹治比氏

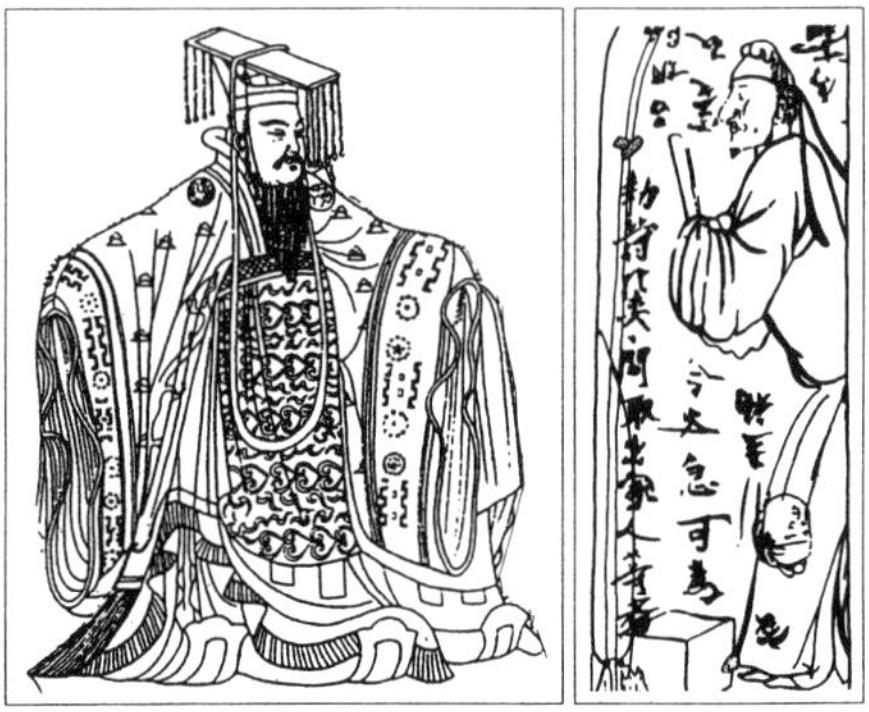

図５　袞冕十二章の服装（左）と笏を持った官人の図（左：敦煌220窟の唐皇帝図，右：平城京出土二条大路木簡）（森公章『遣唐使の光芒』〈角川学芸出版，2010年〉132頁）

染衣《ぜんのころも》とあり、場面に応じた衣服が規定されている。唐の衣服令には場面に応じた皇帝の服装規定があるが、日本の衣服令には天皇の服装規定がなく、今回の措置を参考にすると、奈良時代の天皇は伝統的な神事担当者の態で、常に帛衣《はくい》、つまり潔斎《けっさい》を示す白色の絹衣を着用したらしく、白が天皇の色であったということになる。

霊亀度遣唐使の帰朝後には、官人が威儀を正すために笏《しゃく》をもつ把笏《はしゃく》の制度や右襟、婦女の衣服の改正が実施されている（『続日本紀』養老三年〈七一九〉二月壬戌・十二月戊子条）。天皇に関してはかなり遅れて天平四年（七三二）に冕服《べんぷく》（冕は冠に平直な板を載せ、玉を貫いた旒《りゅう》を垂らしたもので、服は龍や日・月・星の紋様がある袞衣《こんい》か）を着したとあり（同正月乙巳朔条）、その後は即位や大仏開眼会などには冕冠を使用したことが知られるものの、帛衣に冕冠という寔に不似合いな服装をしていたのではないかと思われ、中国皇帝的な服装は定着しなかったようである。ここにきて、天皇みずからが服装の規定を定め、袞冕十二章を用いる場面を設定しているのは、延暦度遣唐使を契機とする唐風化推進が大きかったと考えられる。

律令体制の運用には礼《らい》・律・令・格《きゃく》・式《しき》が必要であるが、日本では奈良時代に律令法が制定されたものの、礼に相当する儀式書や格式編纂は嵯峨天皇の弘仁年間に着手されており、弘仁九年（八一八）の門号改称以前の名称を記す『内裏儀式』や弘仁十二年撰進の『内裏式』、弘仁格・弘仁式の編纂が行われている。これらには清公の名はみえないが、『内裏式』に関しては朝野鹿取が参画していたことが知られ、やはり延暦度遣唐使の学識が活用されていたことが推定できよう。清公は勅撰漢詩集『凌雲集《りょううんしゅう》』（弘仁五年成立か）、『文華秀麗集《ぶんかしゅうれいしゅう》』（弘仁九年）、『経国集《けいこくしゅう》』（天長四年〈八二七〉）や養老令の官撰注釈書『令義解』（天長十年）の編纂などに関与しており、嵯峨朝、そして淳和朝における唐風化政策を推進する担い手の重要人物であった。

その後の官歴

さて、その後、清公は弘仁十年正月に正五位下に昇叙、文章博士になり、「文選を侍読し、兼ねて集議の事に参ず」とある。弘仁十二年には従四位下に昇叙、式部大輔になり、さらに左中弁に転じたが、「意に適《かな》わざることあり」として、右京大夫《だいぶ》への遷任を求めたという。これは『日本後紀』逸文の箇所で、事情は不明であるが、『類聚国史』巻百七、弘仁十二年二月甲申条では、従七位の官であった文章博士の相当位を従五位下にしており、これは斯界《しかい》との関係では優待を示すもので、清公にも不満はなかったと思われる。式部大輔は正五位下相当、中弁と京職大夫《きょうしき》は正五位上相当であるから、従四位下の清公の就く官職としては低いが、通常は位階の昇進の方が早く、官職の方は員数が限られているから、位高官下で、「行」がつく（選叙令任内外官条）場合が多いので、これも異例ではない。

ただし、嵯峨天皇は京職大夫の相当位を従四位下に改めたとあるので、これは清公の帯位に配慮したものと考えられる。清公はついで弘仁十四年に弾正大弼《だいひつ》（弾正台の次官）になるが、元来弾正弼は正五位下相当で、この年に大・少弼の二員になり、大弼は従四位下相当とされているので（『類聚三代格』巻十四、弘仁十四年十一月十三日太政官奏）、これも清公の帯位と合致している。唐では京兆尹《けいちょうのいん》・御史大夫《ぎょしたいふ》は従三品相当であり、清公は自分の帯位が官位相当制に適合するのにふさわしい官職への就任を求め、また唐に倣った相当位の引き上げを企図したのかもしれないが、ここでは一案を示すにとどめ、確説とはしない。

天長元年（八二四）、清公は播磨権守（延喜民部上式では播磨は大国、守は従五位上相当）になる。清公は時に五十五歳、嵯峨朝の唐風化推進の中心として嵯峨天皇との信頼関係も醸成されていたと思われ、淳和天皇のもとでも『経国集』や『令義解』編纂に勤しんでおり、何よりも大家父長としての嵯峨太上天皇が健在であった。世人は左貶《さへん》に異ならないとして、この人事を憂い、天長二年八月に公卿が議奏して、「国之元老」を外国に行かせるべきではないとして、都に戻し、文章博士を兼務させたといい、天長三年三月には再び弾正大弼（兼信濃守）になっている。淳和天皇と清公の関係が悪かったということは看取できないが、清公が再び天皇の侍読になるのは、嵯峨の子仁明《にんみょう》天皇のときであり、あるいは淳和天皇との間柄は、嵯峨・仁明父子ほどの信頼関係ではなかったのかもしれない。

台閣の構成という点では、嵯峨・淳和朝ともに藤原北家の冬嗣《ふゆつぐ》と式家の緒嗣《おつぐ》が中心であることに変わりはない。公卿らの議奏がなされているので、清公が彼らと不和であったということもないであろう。文章生出身者のなかでは、延暦八年（七八九）奉試の清公の少し後輩で、延暦十四年奉試の南淵弘貞《ひろさだ》が天長元年（八二四）四月に式部大輔、五月に従四位下になり、天長二年七月には参議に昇任しているが（『公卿補任』天長二年条尻付）、天長元年の時点では清公を越えたわけではなく、上述のように、自己の位階・官職にこだわりがあったと思われる清公の自意識が損なわれることもなかったとみられる。ただ、『公卿補任』弘仁十四年（八二三）条によると、この年に従四位下大伴国道《おおとものくにみち》（五十六歳）、清原《きよはらの》夏野《なつの》（四十二歳）が新たに参議になっており、同じ位階を有する清公は「国之元老」と評されながらも、議政官（参議以上の公卿）への登用はなかった。

南淵弘貞は本姓坂田氏、『新撰姓氏録』左京皇別下・坂田宿禰条によると、槻本公《つきもとのきみ》→坂田宿禰→朝臣（→南淵朝臣）と改姓している。この家系の祖槻本公老《おゆ》は天平勝宝元年（七四九）に越前国足羽郡擬主帳《あすはぎしゅちょう》（文章作成を掌る役の主帳に準ずる役）無位として登場する人物で（『大日本古文書』五―五四三）、その後中央出仕して右兵衛佐《うひょうえのすけ》になった。老は井上《いのえ》皇后・他戸《おさべ》皇太子廃号事件（宝亀三年〈七七二〉で山部《やまべ》親王（後の桓武天皇）側に立って活躍し、桓武天皇即位への筋道をつけるのに功績があったという。その子奈弖麻呂《なてまろ》も薬子《くすこ》の変（大同五年〈八一〇〉）で嵯峨天皇側として活動し、極位は従四位下、奈弖麻呂の子が弘貞で、学問によって立身し、議政官になったのである。清公にはそこまでの政治的功績はなく、土師氏から菅原氏に改姓した実質上の最初の世代で、出自の壁があったのではあるまいか。播磨権守は議政官には登用できない清公への一つの処遇であったと思われる。公卿たちは清公を議政官にすることは考えていないが、「国之元老」として、あるいは公卿のなかには門人もおり、清公をもう少し優待してもよいとして、議奏に及んだのであろう。

なお、文章博士としては、桑原公腹赤《はらか》（都 良香《みやこのよしか》の叔父）が弘仁十三年（八二二）に所見であり（『日本文徳天皇実録』仁寿二年〈八五二〉五月戊子条都貞継《さだつぐ》卒伝／都宿禰に改姓）、弘仁十四年には清公・弘貞とともに天長の年号を撰申して改元にも関与したというが、彼は天長二年（八二五）七月七日に卒去している。したがって後述の是善《これよし》・道真の時代のような、学者間の争いも考えがたい。

晩年と死

その後、清公は左京大夫に転任、天長八年正月には正四位下、承和二年（八三五）には文章博士で但馬権守を兼任し、『後漢書』を侍読したという。承和六年正月に従三位に昇叙したが、時に七十歳、「老病羸弱《えいじやく》にして、行歩に艱《かん》多し」という状態なので、仁明天皇は牛車に乗って南大庭《おおにわ》の梨樹の下まで到来してよいという勅を出した。しかし、清公は「稽古之力」（学問の力、業績）でこのような優遇を得るのはよくないと考えたらしく、その後は病を理由に出仕しなくなったという。このあたりには一筋縄ではいかない清公の性格がうかがわれるとともに、議政官氏族の壁などを考慮した、清公なりの処世術があるのかもしれない。

清公は殺伐を好まず、造像・写経に勤めたという。常に名薬を服用していたので、顔は若々しいままであったとされ、漢方など薬学の知識も深かったと考えられる。なお、清公の詩文は、『凌雲集』に入唐時の賦詩《ふし》を含む四首、『文華秀麗集』に四首、『経国集』には六首が残っている。重陽節《ちようようせつ》などの公的行事での作詩、嵯峨太上天皇への奉和詩や王昭君《おうしようくん》など中国の故事を題材にしたものが多い。『経国集』巻一の「嘯賦《しようふ》 幷序」には、「清公、少《わか》くして音楽を好み、長じてなお耽《ふ》ける」とあり、清公の音楽への関心が知られる。

承和九年（八四二）には嵯峨太上天皇が崩御し、承和の変が勃発しているが（『続日本後紀』承和九年七月丁未・己酉錠）、一つの大きな時代の終焉、喧噪《けんそう》のなかで、清公は十月十七日に七十三歳で死去した。

父是善の生涯

道真の父是善（八一二～八八〇年）は清公の第四子である。三男の兄善主《よしぬし》（八〇三～八五二年）とは九歳の年齢差があり、善主は文章生から出仕、弾正少弼を経て、承和度遣唐使の判官として入唐しており、「遣唐使の家」の伝統はこの叔父が継承している。善主の極位極官は従五位下・勘解由次官で、五十歳で死去してしまう（『日本文徳天皇実録』仁寿《にんじゅ》二年〈八五二〉十一月乙亥条）。したがって文章博士としての菅原氏の家業は是善が継承することになる。

是善の生涯は、薨伝（『日本三代実録』元慶四年〈八八〇〉八月三十日条）とともに、国史の記載も詳細に残っているので、まずは官歴や主要な出来事を年表風に整理しておく。

薨伝によると、是善は幼少時から聡頴《そうえい》（才知が人よりすぐれている）で、弘仁末年に十一歳で殿上に徴され、詩文を献じたといい、常に天皇の前において書を読み詩を賦したとされる。「儒門之領袖《りょうしゅう》」と称された清公の子として大いに注目される存在であり、天長十年（八三三）、二十二歳で文章得業生（年齢は薨伝による。『公卿補任』は承和二年〈八三五〉とする）、承和六年、二十八歳で対策及第になり、官界に転じることになる。ちなみに、成績は「中上」、これは「丁第」ともいい、上から四番目、現在でいえば「C」とか「可」で、ぎりぎり合格ラインと厳しかったが、これは当時の通例であった。『公卿補任』承和六年条に非参議として登場する清公の尻付によると、清公は実は一度「不第」、不合格になり、二十日後くらいに合格に転じたとある。いったんは不合格にして、しばらくして、あるいは後年に合格にする例も珍しくはなく、学問の道の峻厳さを示すものといえよう。

是善は「天性事少なく、世体《せいたい》忘るるが如し。常に風月を賞し、吟詩を楽しみ、最も仏道を崇《たっと》び、人物を仁愛し、孝行天に至り、殺生を好まず」と評されており、穏やかな人物であったようである。「藻思華贍《そうしかせん》、声価尤《もっと》も高し」、詩や文章の才能（文才）があり、文章は華やか、かつ意味が豊かで、当代随一の評判であったといい、清公の子、幼少時の才能だけでなく、充分な研鑽を積み、才能を開花させた。また「上卿・良吏、儒人・詞人、多くはこの門の子弟也」ともあり、教育者としても優秀であったことがうかがわれる。清公のような狷介《けんかい》の逸話はなく、おおむね順調な生涯であった。特筆される点としては、貞観十四年（八七二）、六十一歳で参議になっており、清公が越えられなかった議政官の壁を破ったことが挙げられ、これは道真が活躍する先蹤《せんしょう》を切り開いた大きな出来事である。

是善の時代は清公らが構築した「文章経国」の風潮が隆盛を迎え、地方政治においても

表6　菅原是善の官歴と活動

天長10(833)	文章得業生〔22歳〕
承和 6(839)・11・ 5	文章得業生従六位下で対策→中上，三階進叙〔28歳〕
7(840)・ 6・10	大学大允
7・25	大内記
9・20	大学助
11(844)・正・ 7	正六位上→従五位下
8・ 5	時に大内記従五位下．文章博士春澄善縄とともに卜筮の信憑性を支持する勘申を行う
12(845)・ 3・ 5	文章博士〔34歳〕
13(846)・ 2・29	主税頭．兼越後介
14(847)・ 5・10	東宮学士．大内記・文章博士は兼任
嘉祥 2(849)・正・13	兼讃岐権守
3(850)・ 4・17	文徳天皇即位．従五位下→正五位下
10・ 1	加賀権守．文章博士を兼帯
仁寿元(851)・ 4・ 5	文選を始講
3(853)・正・16	大学頭．兼文章博士・加賀権守
10・22	文章生でまだ出身していない者は及第の後に勘籍を経ることなく，考例に預ることを上奏し，許される
斉衡元(854)・10・20	春澄善縄・大枝音人とともに，蔵人所にて「重陽節文人所上之詩」を評す
2(855)・正・ 7	正五位下→従四位下
3・21	文選の講畢
3(856)・ 2・ 8	左京大夫．兼文章博士
○	(修理東大寺大仏使長官)
11・23	郊祀の儀に参加
天安元(857)・ 5・ 8	美作権守．兼文章博士・左京大夫
8・29	漢書を始講
2(858)・正・16	伊勢守．兼文章博士
5・21	備前権守
8・24	文徳天皇の病(27日崩御)により，文章博士として赦書の詔書を起草する
9・ 2	山城国葛野郡田邑郷真原岡に山陵を定む使の一人

天安 2(858)・ 9・23	播磨権守．兼文章博士
11・ 5	清和天皇即位を山陵に告げる時，文徳天皇陵に派遣
貞観 2(860)・閏10・23	朔旦冬至を置くか否かを論議
11・16	朔旦冬至に伴う赦．従四位下→従四位上
3(861)・ 3・14	東大寺大仏を供養する咒願文を作成
5(863)・ 2・10	弾正大弼．兼文章博士
6(864)・正・16	近江権守
3	刑部卿
6・ 3	漢書の講畢
9(867)　○	文章博士を停任
11(869)・ 4・13	貞観格の撰畢．時に従四位上刑部卿
12(870)・正・25	伊予権守
2・14	式部大輔．兼刑部卿
13(871)・ 8・25	貞観式の撰畢．時に従四位上式部大輔
14(872)・正・ 7	従四位上→正四位下
8・25	参議〔61歳〕
17(875)・ 4・25	天皇が群書治要を読む時に，「紀伝諸子之文」を伝授
6・15	祈雨により深草山陵に派遣．時に参議正四位下，勘解由長官兼式部大輔・播磨権守
18(876)・ 5・ 4	大極殿災を賀茂御祖・別雷両社に告げる．時に参議正四位下，勘解由長官兼式部大輔・近江守
10・ 5	賀茂斎儀子内親王の病により停斎を社頭に謝す
元慶元(877)・ 2・24	敦子内親王を斎内親王とする告文を奉告
3(879)・10・23	西寺綱所にて僧綱任命の策命を宣す
11・25	正四位下→従三位
4(880)・ 8・30	薨去．時に参議従三位刑部卿〔69歳〕

(備考)『公卿補任』貞観14年条尻付および当該国史による．○は月日不明を示す．

儒教的道徳を体現した良吏による統治が注目されている。『凌雲集』編纂に関与した小野岑守や文章生出身の南淵弘貞が公卿になったことは上述したところであるが、『公卿補任』をひもとくと、天長十年（八三三）には朝野鹿取（六十歳）、承和七年（八四〇）正躬《まさみ》王（四十二歳。桓武天皇の孫、葛原《かずらわら》親王の七男）、同九年滋野貞主《しげののさだぬし》（五十八歳。本姓楢原造《ならはらのみやつこ》）、同十四年小野篁《たかむら》（四十六歳。岑守の子）、貞観二年（八六〇）春澄善縄《はるずみのよしただ》（六十四歳。本姓猪部造《いなべ》。対策及第）、同六年大枝《おおえの》（江）音人《おとんど》（五十四歳。本姓土師氏。秀才）、南淵年名《としな》（五十八歳。永河《ながかわ》の子）など、出自の高下は別にして、文章生、さらには対策及第者で参議になる者が出現していることがわかる。こうした儒門出身者の議政官入りの先例があって、是善の菅原氏も議政官の壁を乗り越えることができたのであろう。

なお、是善は道康《みちやす》親王（文徳天皇）の東宮学士になっており、文徳天皇崩御の際には天皇の側近者が任じられることが多い山陵造営に関連した役務に起用されているので、天皇やその外戚としての藤原北家の人々とも良好な関係にあったと思われる。これは彼の人柄・学識とともに、貴族社会のなかに菅原氏が地歩を得るうえで大きく作用したと考えられるところである。

学閥の形成期

是善は『日本文徳天皇実録』の編纂に関与し、貞観格・式の撰進に尽力するなど、学者として王道を歩んでいる。自著としては『東宮切韻《せついん》』二十巻、『銀牓輪律《ぎんぼうゆりつ》』十巻、『集韻律詩』十巻、『会分類集《かいぶんるいしゅう》』七十巻があり、また『家集』十巻も残したという。是善は自分の学問だけを考えていたのではなく、文章博士のときに、文章生でまだ出身していない者が及第した際には、勘籍《かんじゃく》（身元の確認）を経ることなく考例（勤務評定を受けること）に預るようにして欲しいと奏上しており（『日本文徳天皇実録』仁寿三年〈八五三〉十月己卯条）、斯道《しどう》に関わる人々の優遇・発展にも目配りしている。

是善の同世代人としては、小野篁は「詩家之宗匠」、春澄善縄・大江音人が「在朝之通儒」と称せられ、彼らは是善に負けないほどの文章作成能力を有していた。承和十一年（八四四）には是善はまだ大内記であったが、文章博士春澄善縄とともに卜筮《ぼくぜい》の信憑性を支持する勘申を行い、嵯峨太上天皇の先霊の祟りを否定する遺誡《ゆいかい》に対して、やはりそれが存在することを中国の古典を引用して説明している。斉衡《さいこう》元年（八五四）には春澄善縄・大枝音人とともに蔵人所《くろうどどころ》に召され、九月九日の重陽節の際の文人の賦詩の評価を求められており、彼らが作詩に通暁していたことがわかる。十一月一日が冬至《とうじ》になることを朔旦《さくたん》冬至といい、通常は十九年に一度しかない慶事であるが、若干の人為を加えて朔旦冬至を現出させることがある。貞観二年（八六〇）に朔旦冬至を置くか否かを議論したときには、暦博士は冬至は十一月二日と算出したが、是善・音人らは中国での先例を示して、清和天皇即位の冒頭を飾るものとして朔旦冬至を調整すべきであると述べており、この年は朔旦冬至になっている。

「儒門之領袖」と称された清公は、遣唐使の経験もあり、屹立《きつりつ》した存在であったと思われるが、是善は当代随一と評されているものの、彼に匹敵する学者は何人か存在した。同じく土師氏から改姓した大江氏（『日本三代実録』貞観八年十月十五日条で大枝→大江に）は、後代にも菅原氏と並ぶ学問の家系を維持しており、参議にもなった音人（八一一～八七七年）がその礎を築いている（清公に師事）。文章院は紀伝道の公的機関であり、元来は一曹《ぞう》司《し》であったが、文章博士が二名になった承和元年（八三四）から東・西曹司が作られ、東《とう》曹《そう》は大江氏、西曹は菅原氏が管轄し、同曹同士を避ける課試が行われていくことになる。

春澄善縄（七九七～八七〇）は本姓猪名部造、『日本三代実録』貞観十二年（八七〇）二月十九日条の薨伝によると、祖父財麿《たからまろ》は伊勢国員弁《いなべ》郡少領《しょうりょう》（郡司の次官）の任にあった譜第郡領氏族（代々郡司を輩出する氏族）の出身で、父豊雄《とよお》は周防大目《だいさかん》とあり、父の代に中央官人への転身を図ったのであろう。善縄は幼少時から聡明で、祖父が家産を傾けて勉学を支援してくれたので、文章生→文章得業生を経て、天長七年（八三〇）に対策及第、その間の天長五年に春澄宿禰に改姓している。群書を耽読し、博覧強記で、時の好学者も彼には及ばなかったとあり、対策では「丙第」（上下）であったというから、よほど秀逸であったのであろう。承和十年（八四三）に清公の後をうける形で文章博士になり、貞観二年（八六〇）、六十四歳で参議になった。承和十四年には仁明天皇に『漢書』、仁寿元年（八五一）には文徳天皇に『文選《もんぜん》』を講じ、『続日本後紀』の編纂に関与するなど、当代一流の学者であった。

薨伝には、性格は周慎謹朴で、自分を誇示することはなかったとある。文章博士の時代の逸話として、諸博士はそれぞれに名家の出で、互いに門戸を誇り、相手を誹《そし》ることを常とし、弟子の帰属を争う状況であったが、善縄は門徒を謝絶し、そうした競争には加わらなかったので、人から悪くいわれることはなかったと記されている。善縄はまた、陰陽《おんみょう》道《どう》を信じ、怪恠《かいかい》があると、門を閉じて斎禁し、一ヶ月のうち十日もそういうことがあったといい、上述の卜筮の信憑性に関する勘申は善縄が主導したところが大きいと思われる。そのためか、『続日本後紀』には怪恠記事が比較的多く採択されているとされ、そこに編者の一人である善縄の嗜好《しこう》が反映されているのかもしれない。

善縄は年老いても聡明さは少しも衰えず、文章はますます美しさを加えたといい、貞観年間には対策時の成績を「乙第」（上中）にまで引き上げられたとある。家宅の造作にはこだわらず、垣・屋も修理しないというありさまで、知己《ちき》は少なかったのか、来訪する人は稀《まれ》であった。男女四人の子どもがおり、長女洽子《ひろこ》は極位極官は正四位下典侍《ないしのすけ》、女官《にょかん》として清和・陽成《ようぜい》・光孝・宇多朝、そして醍醐朝初年にも奉仕し、二人の男子は五位にはなっているが、「家風」、すなわち学業を継ぐ者はいなかったとされる。

「菅家廊下」の相承

以上の善縄の生涯は、地方豪族出身の起家として一つの処世方法を示すものである。しかし、名家の出で、清公の後継者として累代の学問の家の安定化が期待される是善には、そうしたあり方は望むべくもなかった。是善の門人としては、後述の橘広相《ひろみ》や藤原佐世《すけよ》など著名人も知られ、弟子の育成・官界での活躍と菅原氏の地歩確立に励んだと思われ、それには競争に打ち勝つことが必須であった。

是善の時代はまた、承和の変（八四二年）以後、政務の中枢を掌握する藤原良房の台頭がめざましく、外戚として道康親王（文徳天皇）、惟仁《これひと》親王（清和天皇）を即位させ、九歳で即位した幼帝清和のもとでは実質的な人臣摂政の初例を現出、応天門の変（八六六年）で弟良相《よしみ》や伴善男《とものよしお》を排除し、次の猶子《ゆうし》基経《もとつね》へと続く摂関家の基盤を築いている。道真の母は伴氏であり、この時期に議政官氏族への復権を果たす伴国道—善男父子の活躍と関連しているのかしれないが、是善は政変に巻き込まれることなく、このあたりはうまく舵取りをしたといえよう。

貞観十七年（八七五）四月に清和天皇が『群書治要《ぐんしょちよう》』（唐代に作られた政治の参考書）を読んだとき、参議菅原是善が「書中に抄納するところの紀伝諸子の文」を奉授したといい、菅野佐世が五経の文を奉授、善淵愛成《よしぶちのちかなり》が都講《とこう》（講師役）であった。是善は文章博士の任を離れても、紀伝道の上首者であったのである。そして、菅原氏にとって重要な事柄としては、「菅家廊下《かんけろうか》」と称される私塾により、官人養成に大いに資した点が挙げられる。その一端を子道真の「書斎記」よって示すと、次の通りである（『菅家文草』巻七―五二六。日本古典文学大系『菅家文草 菅家後集』〈岩波書店、一九六六年〉による。以下、『文草』『後集』と略称する。なお、「書斎記」に関しては、文草の会『菅家文草注釈』文章篇第一冊〈勉誠出版、二〇一四年〉も参照した）。

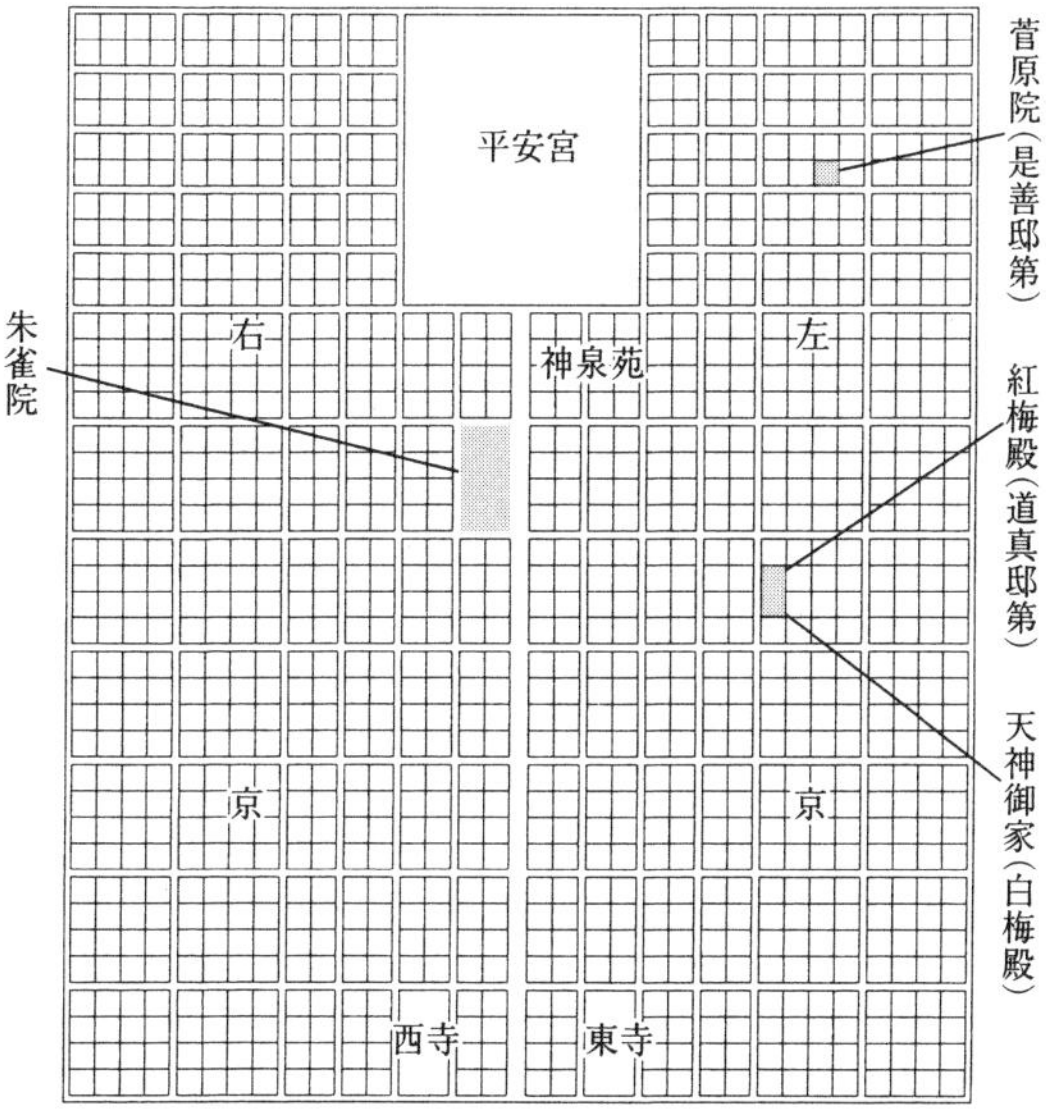

図6　平安京と菅原氏関係邸宅所在地（今正秀『摂関政治と菅原道真』〈吉川弘文館, 2013年〉24頁）

これは寛平五年（八九三）七月一日記とあり、道真が貞観九年（八六七）に文章得業生（秀才）になった頃のことを回想したもので、東京《とうけい》宣風坊、平安京五条坊門（『拾介抄』中）の邸宅の一隅に、父是善から勉強部屋（「書斎」）を与えられたという。菅原氏は平城京以来の関係で当初右京に貫附されていたが、おそらく清公の時代には左京のしかるべき場所に邸宅を有していたと思われる。部屋の面積は一丈余四方、現在でいえば一坪ほどで、「廊」、建物と建物をつなぐ廊下（渡殿）、といっても、現在の廊下とは異なり、相応の広さをもつもので、居室を設けることができ、これが「菅家廊下」の名称のゆえんである。ここからは文章生（進士）、文章得業生（秀才）が百人くらい巣立ったといい、「龍門」、登龍門ともてはやされ、上述の是善の教育力を裏づける。

部屋は人一人が起居できる程度で、狭小であるが、近くには小山や梅・竹などもあり、心を暢《のび》やかにしてくれる。学生たちはそれぞれに自分の書籍を持ち込み、勉学に集中する生活であった。ただし、時に勉強に飽きると、隣室を訪問する者があり、勝手に他人の書籍を見たり、本来書記と誤りを訂正するのに用いる刀筆で、机を削ったり、落書きしたりと、静謐《せいひつ》が乱される弊もあったという。この文章を認《したた》めたのは、勉学に集中したい道真の気持ちを知らない人が無遠慮に入室するのを制止したいと思っただけで、彼らと絶交したいと考えてのことではないと弁解している。

以上の是善は、父清公の基盤のうえに、学問の家としての菅原氏を定着させ、時々の天皇や権力者と良好な関係を維持しつつ、みずからも公卿の一員になり、文字通りの文人貴族としての菅原氏の隆盛を導いたとまとめることができる。そして、いよいよ道真の登場となるのであり、章を改めて、その生涯を検討していきたい。

道真の立身

対策及第まで

早熟の才を示す

菅原道真（八四五〜九〇三年）は、承和十二年（八四五）に父是善《これよし》、母伴氏《ともうじ》（本姓大伴氏《おおとも》。大伴親王＝淳和《じゅんな》天皇の諱《いみな》を避けて改姓）の間に誕生した。『公卿補任』寛平五年（八九三）条尻付には是善の三男とあるが、後に是善は「汝が孤惸《こけい》なることを悲しぶ」と述べたといい（『文草』巻二―八七）、二人の兄は早くに亡くなり、道真は一人っ子の状況であったことがわかる。父是善は三十四歳、文章博士《もんじょうはかせ》になった年であり、菅原氏の前途に希望の灯を点すものであったと思われる。

なお、道真の伝記史料としては、『菅家伝《かんけでん》』（「北野天神御伝」）が朱雀《すざく》天皇初世の頃の成立で、最古のものである。『神道古典大系』神社編・北野（神道大系編纂会、一九七八年）所収の活字本は、前田綱紀《つなのり》が鎌倉荏柄《えがら》神社所蔵の古写本を書写した際に、「北野天神御伝記」と「源《みなもとの》公忠《きんただ》の夢《む》想譚《そうたん》」を「菅家伝」、ほかの部分を「聖廟雑記《せいびようざつき》」と命名したものという。最も確実性の高いものであるが、すでに伝説化された物語も含まれている。そのほか、『菅家御伝記』（『群書類従《ぐんしょるいじゅう》』第八輯）はこれにつぐものである。以下、適宜これらも参照しながら、道真の足跡を検討したい。

道真の事績としては、まず斉衡《さいこう》二年（八五五）、十一歳のときに最初の詩作を行っている。これは父是善の先蹤《せんしょう》に倣ったもので、「菅家廊下」の相承者育成のため、是善が英才教育に努めていた様子をうかがわせる。この詩文は、是善の門人で、後に岳父となる島田忠臣《ただおみ》が指南したものという（『文草』巻一―一「月夜に梅の花を見る」）。上述の「書斎記」でも梅に言及されていたが、ここでも梅花が登場している。梅は漢詩の題材に多く取り上げられ、現在の天満宮のシンボルマークとなっており、道真を象徴するものとして劈頭《へきとう》を飾るにふさわしい詠題といえよう。

文章生になる

その後、附載の年譜によると、十四〜十六歳の間にもいくつかの賦詩《ふし》・作文が知られるが、十七歳になると、文章生《しょう》試《し》に備えた受験勉強が始まった。上述のように、紀伝道《きでんどう》の学生は文章生（進士。定員二十人）→文章得業生《とくごうしょう》（秀才。定員二人）→対策及第という進路で官界に登用されるので、まずは文章生になることが必須である。このため「厳君」「家君」と記される是善は、家で毎日作詩・作文の試を行っ

（『北野天神縁起絵巻』北野天満宮所蔵）

て道真を鍛錬したらしく、詩は数十首があったが、そのうちの観るべきものを採択してとどめたとある（『文草』巻一—四～七）。この当時、是善は文章博士であり、累代の儒業《じゆぎよう》である菅家の命運を託す思いで、指導に励んだのであろう。

貞観《じようがん》四年（八六二）五月、道真は十八歳で文章生になった。四月十四日に文章生試（省試）があり、五月十七日に及第の通知があったといい、このときの作文として、「省試当時瑞物賛六首」が残っている（『文草』巻七—五二二）。これは『日本三代実録』貞観元年正月二十一日条の美濃国からの紫雲出現報告、五月十三日条の備前国からの白雀献上、そのほか白鳩、白燕、嘉禾《かか》（穂の多くついた

図７　都良香邸での弓射

立派な稲）、木連理《もくれんり》（別々の木がからまったもの）など、清和天皇治政の初頭を飾る祥瑞の出現を讃え、天皇の徳を称揚する内容で、時事への目配りと文章力を示すものである。

　学生はまた、将来の文人貴族予備軍として、宮廷の儀式への参観が許されたので（学令《がくりょう》公私条）、道真も重陽宴《ちょうようのえん》での応製詩などを作っている。貞観六年八月十五日、父是善が天安元年（八五七）八月二十九日から始めた『後漢書』の講義が終了し、伝授がなされたので、道真は黄憲伝《おうけんでん》に関する詩序と作詩を行っており（『文草』巻一―九）、紀伝道の研鑽にも努めていたことがわかる。この間、源能有《よしあり》、大枝豊岑《おおえのとよみね》・真岑《まさみね》、平子《へいし》内親王などの願文、是善の命による天台座主安慧の「顕揚大戒論」の序文作成、権大納言藤原氏宗の右近衛大将の辞表など、作文を依頼され、実践的な形で文章作成能力を磨く場を与えられている。

貞観六年十月には連聡なる人物が「城南に客死」したといい、翌年九月二十五日に是善の命で祭文を作成している。この連聡は道真の弟であるかもしれないと考えられている。連聡は是善に鍾愛されていたようであり、そうした肉親を哀惜する悲痛の感情を抑制しつつ、醴・粟を饗して霊を祭る格調の高い祭文と評されるものである。

文章得業生としての活動

この間、政治の動向としては、貞観八年に応天門の変が起こり、右大臣藤原良相と大納言伴善男が排除され、太政大臣藤原良房が正式に摂政に就任する。この事件では猶子藤原基経が活躍し、摂関政治の萌芽が定着していく過程に向かうことになる。こうしたなか、貞観九年正月、道真は二十三歳で文章得業生になった。

祖父清公は二十歳、父是善は二十二歳で文章得業生になっており、それらよりは若干遅れるものの、三善清行は二十八歳、紀長谷雄は三十七歳などと比べると、二十代前半での文章得業生はやはり秀逸な人材であることをうかがわせる。なお、得業生になると、学問の資として俸給のみを目的とする外官任用が行われ、道真は下野権少掾に任じられている。

文章得業生の道真は、文章生のときにも益して、宮廷の諸儀式に参観し、正月の内宴や重陽節《ちょうようせつ》に応製詩を捧呈し（『文草』巻一—二七・四〇・四八）、二月の釈奠《せきてん》では孝経《こうきょう》や毛詩《もうし》の講説を聴いたり（同二八・四一）、史記竟宴《きょうえん》に参加したり（同三四）と、紀伝道の研鑽にも努めている。依頼をうけての作文としては、仁明《にんみょう》天皇第七皇子常康《つねやす》親王（雲林院《うりんいん》親王）の『洞中小集』の序文（同巻七—五五一）、文徳《もんとく》天皇第一皇子惟喬《これたか》親王の先妣《せんぴ》紀氏《きうじ》の修功徳願文や安倍宗行《あべのむねゆき》の先妣のための法華会の願文（同巻十一—六四一・六四二）などが知られる。貞観十一年二月には島田忠臣《しまだのただおみ》が因幡権介《ごんのすけ》に転任するなど、是善門下で外国《げこく》に赴任する者がおり、その餞別《せんべつ》の宴に参加していることがわかり（同巻一—四四）、「菅家廊下」の運営・継承に向けての行事経験を積みはじめている。

この頃の出来事として、習っていた琴をやめて、学問に専念することを決意したとする詩文が注目される（同巻一—三八「停習弾琴」）。白居易《はくきょい》（白楽天《はくらくてん》）の『白氏六帖《はくしりくじょう》』琴部に「左琴、右書」とあるように、琴と書は心を娯《たの》しませるばかりでなく、学問の資になると考えて、七絃琴《しちげんきん》を習いはじめた。祖父清公が音楽を好んだのに影響されたのかもしれないが、道真にはどうも音楽の才能はなかったようである。一向専念に琴を弾く努力をするけれども、譜面と首ったけで、上達せず、いちいち先生に尋ねる始末で、「三峡流泉曲」や「烏夜啼《うやてい》」も音外れで、道真の音楽を聴いた人々は、音楽を聞き分ける目利きはお前にはなく、無駄な時間を浪費するだけだといったという。したがって菅家伝統の紀伝の家風を守って、詩を作ることが一番自分には都合がよいと悟り、学業への専心を表明した次第である。

なお、『北野天神御伝』『北野聖廟縁起』第二巻には、対策合格前の出来事として、都《みやこの》良香《よしか》（八三四〜八七九年）邸での弓射《きゅうしゃ》で道真が射技を披露した話がみえる。これは道真が文武両道に優れていたことを示すものであるが、これ以外に道真が武技に長じていた徴証はなく、この話は「射策中鵠《こく》之徴也」という対策合格を予告するための創話と目される。後述のように、都良香は道真への対策文の出題・審査を担当しているので、その邸宅に道真が試験直前に赴くことも想定しがたい。したがって道真には音楽や武技の才はなかったと思われ、紀伝道の学問のみに専念する日々になったと思われる。

対策及第

貞観十二年五月、道真は二十六歳で対策及第となる。これは祖父清公と父是善の二十八歳よりも早く、文章得業生の時期に道真が学問に集中した賜物といえよう。策問を担当した問頭《もんとう》は都良香で、良香は本姓を桑原公《くわはらのきみ》といい、渡来系氏族で、叔父腹赤《はらか》が清公とともに文章博士を務めていた。貞観二年、二十七歳で文章生、同十一年六月、三十六歳で対策及第となり、名を挙げ、同十二年二月に少内記《しょうないき》になったばかりの新進気鋭の学者である。この頃にはまだ名は言道《ことみち》といい、貞観十四年四月に掌渤《しょうぼっ》海客使《かいかくし》になったときに良香に改名している。文章博士・大内記《だいないき》であった四十六歳で死没するが、姿体軽揚（すがたかたちが軽やか）で、膂力《りょりょく》（腕の力）があり、史伝に博通し、その才能は京中に広まっていたといい、家は貧しく財産はなかったものの、真言密教に傾倒し、崇仏の念が篤かったと評される（『扶桑略記《ふそうりゃっき》』元慶三年〈八七九〉二月二十五日条）。良香には『都氏文集《としぶんしゅう》』があり、巻五に道真に対する出題「氏族を明らかにする」「地震を弁《わきま》ふ」と「文章得業生正六位下行下野権少掾菅原の対文《ついぶん》を評定する事」という判文が残っている。ここにはほかの人物に出した問題文や判文もいくつかみえており、興味深い。そして、さらに『菅家文草』には道真自身の答案があり（巻八―五六六・五六七）、対策の際の問題・答案・判文がそろうという稀有な事例となる。ちなみに、『文草』巻八には「対策」として、道真が問頭として出題した問題も残っており、当時の試験の様子を知る材料として貴重である。

このように対策の出題は二題で、一題は文学的・哲学的な発問、一題は時事を取り入れた設問になっており、論述形式での解答が求められる。これは文章博士や紀伝道を基本とする職務に就いた際に、実際の勘申《かんじん》の場で直面する諸問題への対応能力を測る意図での作題・解答と考えられる。九世紀は東アジア規模での気候変動があり、飢饉《ききん》が頻発、地震や噴火などの自然災害も多かった。とくに貞観十一・十二年は地震が頻発、二〇一一年三月十一日の東日本大震災の先蹤となる大地震が陸奥国で発生したりもしている（『日本三代実録』貞観十一年五月二十六日条)。それゆえに今回地震に関する策問がなされたのであろう。『経国集《けいこくしゅう》』巻二十に残る天平宝字二年(七五八)十一月十日の文章生大初位上紀朝臣《あそん》真象《まさき》への出題には新羅《しらぎ》征討の是非を尋ねる旨がみえ、これも当時悪化していた日羅関係やもう少し後で発動される藤原仲麻呂《なかまろ》の新羅征討計画などの世相を反映するものである。

さて、道真の答案であるが、一題目の氏族に関しては、中国の歴史上の氏族を挙げ、その源流と同異について論じており、たとえば南方の射援《しゃえん》はもとは北地の謝霊運《しゃれいうん》と同族であったと指摘するなど、中国史と漢詩文への通暁、漢文作成能力を鍛錬する紀伝道の学修成果を発揮するものであった。しかし、良香の判は、この対策文は前後の順序が整っておらず、論理的展開が不充分であり、またいくつかの事実誤認や誤字があると評しており、大変に手厳しい。二題目の地震については、道真は地震の事実を述べるよりは、儒・道・仏三教における地震に関する事柄、つまり儒の春秋公羊伝《くようでん》や尚書《しょうしょ》の説、道の老荘《ろうそう》の寓言《ぐうげん》、仏の念仏三昧経や大智度論《だいちどろん》による五大山や六種の震動などを引載して、美文調に仕上げている。良香の判は、理は大筋では通じており、「病累《びょうるい》」があるものの、その文章はみるべきものがあるとし、二条を総合的に勘案して、中上で合格という評価になっている。

是善のところで述べたように、これは当時の通例であり、中上(丁第)というぎりぎりの成績で合格とするのが見識であった。文章得業生(秀才)が対策登科で中上と判定されると、三階の叙位がなされることになっていたが、道真はすでに正六位下であったため、勅授である五位（栄爵）をいきなり越えることはできず、一階の加叙、正六位上に叙せられる（『日本文徳天皇実録』貞観十二年九月十一日条）。

道真の結婚生活

道真は文章生・文章得業生の間に結婚している。相手は島田忠臣の女《むすめのぶ》宣来子《きこ》である。忠臣は是善門下で、道真の最初の作詩の手ほどきをしており、是善の信頼が厚かったのであろう。文人の生活を承知している点や家格のバランスなどを考慮して、是善が強く宣来子を望んだものと思われる。宣来子は昌泰《しょうたい》二年（八九九）三月に五十の算賀を祝い、従五位下を授けられており、長女衍子《えんし》が宇多天皇に入内《じゅだい》していたから、時に太上天皇になっていた宇多も東五条第での賀宴に臨幸したといい（『北野天神御伝』）、道真より五歳の年少、嘉祥三年（八五〇）の生まれということになる。巻末の付図にみえるように、道真には多くの男女があったので、何人かの妻妾《さいしょう》がいたと考えられるが、衍子の母である宣来子以外の名前はわからない。

後の讃岐守時代の詩文「苦日長十六韻」（『文草』巻四―二九二）には、「朋《とも》との交わりに言笑を絶つ、妻子も親しび習ふことを廃《や》めたりき」と回想しており、とくに文章得業生の時期にはいくら時間があっても足りないと感じるほどの勉強漬けの日々で、朋友との交わりにも要用のみで済まし、言笑の仲間入りも断り、すでに子も生まれていたようであるが、妻子に対してさえも、親愛の情を示す時間がなかったという。長男と目される高視《たかみ》は延喜十三年（九一三）に四十八歳で卒去しており（『尊卑分脈《そんぴぶんみゃく》』第四篇五九頁）、貞観八年（八六六）の誕生、道真は文章生から得業生になるところであって、まさに勉学を第一とする生活の最中である。道真は妻子の顔を見る遑《いとま》もない学究ぶりで、高視には充分な愛情を注ぐことができなかったのかもしれない。宣来子はそうしたことを承知のうえで、道真の日常を支えたのであろう。

なお、道真の方は勝手なもので、讃岐守時代に都に残っていた高視から便りが届いた際、高視が島田忠臣の賦詩《ふし》の名文なることだけを記してきたのに対して、自分が南海道の讃岐国で苦労して老いているのに、身の安否を問う言葉もないと苦言を呈している（『文草』巻四—三〇二）。

文章博士として

官界にデビュー

文章得業生時代の下野権少掾は措《お》くとして、道真の実質的な最初の任官は貞観十三年（八七一）正月、玄蕃助《げんばのすけ》で、三月には少内記になっている。玄蕃寮は外国使節の応接を掌《つかさど》り、内記は詔勅の起草に携わる職位なので、文人官僚の第一歩として寔《まこと》にふさわしいといえよう。

官人として歩みはじめた道真にとって、その実力を発揮する場が訪れる。貞観十四年正月六日に道真は直講《ちょっこう》美努《みの》連《むらじ》清名《きよな》とともに存問《ぞんもん》渤海客使に任じられている。これは前年十二月に到来した渤海使楊成規《ようせいき》の来由を尋ね、賓待を掌る役割で、東アジアにおける外交の場では漢詩の交歓が期待されていたから、道真の作文能力が実践の場で国家に貢献することになるはずであった。しかし、このときに母伴氏が死去し、道真は正月二十六日に「母《ぼ》憂《ゆう》」により解任されており、今回は詩文の才を示すことができなかった。

父母の死には喪一年（満一年〈一周年、期年〉、十三ヶ月）と規定されているが（喪葬《そうそう》令服紀条）、「奪情居職《だつじょういしょく》」、すなわち一定期間の服喪の後に本職に復帰させる便法がある。存問使は臨時派遣の使者で、職務は期間が限られているから、この場合はこうした措置を適用して、道真を存問使に復職させることはなかったと思われる。ただし、少内記には復職したようであり、五月には「答渤海王勅書」「賜渤海入覲使《にゅうきんし》告身勅書」を起草したことがわかる（『文草』巻八―五六九・五七〇）。

仕事ぶり

道真はその後貞観十六年正月七日に従五位下を授けられ、十五日には兵《ひょう》部少輔《ぶのしょうゆう》、二月二十九日に民部《みんぶ》少輔へと転任している。『文草』巻一―六八「書斎にして雨ふる日、独り梅花に対ふ」には、「兵部侍郎《じろう》（少輔の唐名《とうみょう》）、興なほし催す」と、兵部少輔のときは家でのんびりとする時間があったようである。しかし、妻の叔父である大外記《だいげき》（太政官の職員）島田良臣《よしおみ》（忠臣の弟）に宛てた詩文（六九「戸部侍郎（民部少輔の唐名）を拝し、聊か懐ふところを書きて、田外史（外史は外記の唐名。大外記島田良臣のこと）に呈す」）では、民部少輔の激務なることを覚悟している様子がうかがわれる。

ここではまた、三年間在任した少内記の時代から、兵部少輔になった段階でさまざまな公務上の文書作成に取り組み、しばらくは詩文を作るという風雅な生活から遠ざかるざるをえないという決意を有していたこともわかる。大外記である良臣は公卿の閣議にも臨席することがあるので、勤務評定や人事の昇降などの消息を忘れずに知らせてほしいとも述べており、自分の仕事ぶりに対する評価や朝廷の人事にも関心を抱く気持ちが看取される。『文草』巻一―七三「雪中早衙《そうが》」や七四「早衙」にも、民部少輔時代の勤務の一端が知られる。民部省は全国の民政、とくに財政を担当し、中央財政の収支を計算する主計《しゅけい》寮、地方の財政収支を監査する主税《しゅぜい》寮が被官になっている。平安宮では式部《しきぶ》省（唐名は吏部《りほう》）の北、太政官（尚書）の南に所在しており、道真はまだ夜が明けない暗いうちから束帯姿を整え、早朝から馬で通勤していたらしい。雪の日には粉雪が舞うなか、コートを着て、酒を少々飲んで体を暖めたりもするが、役所に着くとすぐに仕事にとりかかり、寒さで凍えた手を酷使して公文書の草案を書きつける日々であった。

なお、道真は貞観十八年秋に越前国の気比《けひ》神宮に参詣している（『文草』巻一―七五・七六）。これが公務であったか否かは不明であるが、気比神宮は渤海使を客饗する敦賀津の松原客館に近接していたから、あるいは客館を訪れることがあったのかもしれない。中央官庁勤めには珍しい旅の一齣《ひとこま》である。

博士難

道真は元慶《がんぎょう》元年（八七七）正月十五日に式部少輔になり、十月十八日にはついに文章博士を兼帯する。時に三十三歳であった。この間、藤原基経

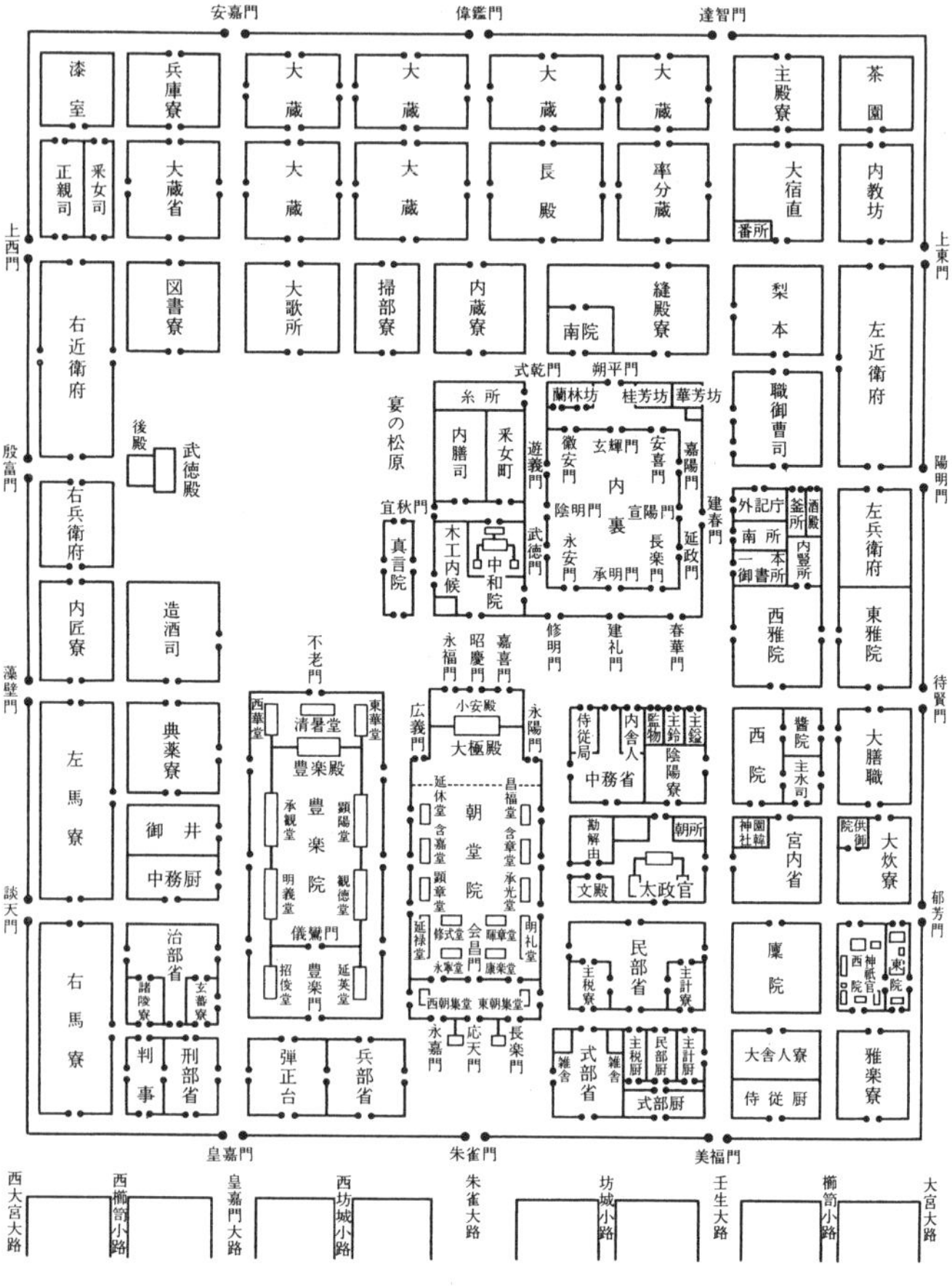

図８　平安宮の大内裏図（『日本史辞典』〈岩波書店, 1999年〉1404頁）

など王公貴族の文章作成にも奉仕し（年譜参照）、公卿たちとの関係も良好であったようである。道真が文章博士になった年は、紀伝道の講堂たる文章院（都堂院、北堂）の造営が進められ（この年には貞観十八年に焼失した大極殿の造営が着手されており、一連の造営の一環か）、人々はこれを慶賀したが、父是善だけは道真には兄弟がおらず、頼りになる者がいないこと、文章博士の職務は慎重に身の回りに気配りし、人の思惑を考慮しつつ務めねばならない旨を忠告してくれたという（『文草』巻二―八七「博士難」）。

この懸念は見事に的中する。道真は父の教誨《きょうかい》をふまえて、薄氷を踏むような心構えで慎重に行動していたが、教鞭を執って三日にして誹謗の声が聞こえてきたという。学識の深い者が必ず講義が上手とは限らず、道真の講義は難解で、評判が芳しくなかったのかもしれない。そして、今年＝元慶五年には、文章生を考試して文章得業生に合格させるために推薦挙送する牒状《ちょうじょう》を作成した際に、文才がなく、文（表現）・理（内容）ともに欠点があって不合格になった者が、讒言《ざんげん》して採否がその実力と一致していないと訴える事態が発生したとある。ここには教授の困難さと推挙の公平さ、教育や指導に通有の問題が凝縮されていると目される。またこの間の道真を取り巻く大きな変化としては、元慶四年八月三十日に父是善が薨去しており、是善が心配していたように、道真には真に知友とすべき人がおらず、父の庇護を失うなかで、さまざまな非難の声が直接に耳に入るようになっていたのであろう。

道真の文章博士時代を通覧すると、元慶三年十一月二十日に文章生従八位下紀長谷雄、同七年十月十六日に文章生従八位上巨勢里仁《こせのさとひと》を得業生に推挙する牒状が知られるが（『文草』巻十―六三四・六三五）、残念ながら、元慶五年の状況はわからない。策問としては、高岳五常《たかおかのごつね》に「澆淳《ぎようじゆん》を叙《の》べよ」（社会道徳の素樸と頽廃とを政治哲学的に論ぜよ）、「魂魄《こんぱく》を徴せ」（精神と肉体について論ぜよ）、三善清行に「音韻の清濁」（作文の格調を高めるのに必要な詞句の音韻について論ぜよ）、「方伎《ほうぎ》の短長」（儒教から見て異端である天文・暦数・占星・相卜《そうぼく》などの優劣長短を論ぜよ）、紀長谷雄に「風俗に通ぜよ」（礼楽によって風俗を移すことを政治哲学的に論ぜよ）、「感応を分《こと》われ」（神仙玄学の傾斜をも含んだ感応について論ぜよ）、小野美材《みき》に「仁孝を明らかにせよ」（孟子的な仁の意識と身を傷めることは不孝だと言う孝経の孝の倫理との兼ね合いを論ぜよ）、「和同を弁《わきま》へよ」（やわらぎとむつびの関係を論ぜよ）などの出題が知られる（同巻八―五五八～五六五）。いずれも出題の意図を汲み取って答案を書くのは難題である。

道真はまた、元慶七年六月三日に「秀才の課試に新たに法例を立つることを請ふの状」を呈し（巻九―五九四）、問頭として問条の数をどれくらいにするのが適切か、また天文や兵事に関わる書物は私有や研究が律で禁止されているので、対策においてもこれにふれないようにすると自由な思索が妨げられるから、厳しい禁を緩和してほしいとして、出題に関する改革案を示している。さらに対策判定に関して、上中・上下の評価基準を示してほしいと述べており、中上で合格するのが通例になっている状況に対して、考課令《こうか》秀才条に規定された上下・上中・（上上）などの評定の可能性を模索したのであろうか、いわば判定基準の可視化にも努めていた。ちなみに、中上と不合格の基準は前例によっておおむね判断が可能になっているとも指摘している。

三善清行との確執

道真が推挙した人物のうち、紀長谷雄（八四五〜九一二年）は道真と同年齢であったが、都良香門下で、当初は詩句を誉められたものの、なぜか良香に疎んぜられて、なかなか「提奨」してもらえず、二十年近くも学生のままで、貞観十八年に三十二歳でようやく文章生になることができたという。良香の死後に転機が訪れ、元慶三年十月の大極殿落成宴の際に道真に詩文の才を認められて、文章得業生になり、わずか四年で対策及第することができたとあるので（『本朝文粋《ほんちょうもんずい》』巻八・書序「延喜以後詩序」）、師友との関係が重要であったことがわかる。道真はその後も長谷雄の詩才を高く評価しており、後年に左降されて大宰府に謫居《たっきょ》したときでも、長谷雄が激務で詩作に励むことができないのを案じている（『後集』五〇二）。

このように道真は長谷雄との関係は良好であったが、長谷雄に「無才博士ハ和奴志《わぬし》ヨリ始也」と口論しながらも（『江談抄《ごうだんしょう》』巻三―二七）、関係を保持していた三善清行（八四七～九一八年）とはどうしても波長が合わなかったらしい。清行は本姓錦織首《にしごりのおびと》、河内国の渡来系氏族出身で、父氏吉《うじよし》は承和の変に際会して長らく無官の期間があり、淡路守で死去している。清行は「菅家廊下」とは無関係の巨勢文雄《ふみお》の門人で、紀伝道による立身出世を目指していた（『本朝文粋』巻九「元慶三年孟冬八日大極殿成命宴時序一首」）。文雄が清行を推挙した文の「清行の才名は時輩を超越す」を、道真が「超越」を「愚魯《ぐろ》」の文字に改めたという逸話（『江談抄』巻五―四四）、また長谷雄の詩句を激賞したのに、清行に対する評価は低かったとする逸話（同巻四―一一一、巻六―三二）などが知られる。

「鴻儒《こうじゅ》」は大学者・碩学・大儒の意であり、道真も「鴻儒」と評されていたが（『寛平御遺誡《かんぴょうのごゆいかい》』第十五条）、道真は「通儒」、博学なだけの儒者、御用学者、詩を詠まない儒者を嫌い（『後集』五〇二「傷野大夫」。小野美材の死を傷む）、自分は「詩人」「詩臣」であるという高い自己規定を有していたようである（『文草』巻四―三二四も参照）。後年の活動からみると、清行はどうも道真が毛嫌いする方向を胚胎《はいたい》していたらしい。

そして、道真の推挙の公平性が云々された元慶五年は清行が対策に挑んだ年であった。この年、清行は不第（不合格）になり、元慶七年五月に改判及第とされている（『公卿補任』延喜十七年〈九一七〉条尻付）。上述のように、対策では不第が出ること、改判及第になることは珍しくなかった。後年に阿衡《あこう》事件に関わる藤原佐世《すけよ》（八四七〜八九七年）は是善門下ながら、都良香の「群忌を決せよ」（吉凶・禍福を判断する基準を論ぜよ）、「異物を弁へよ」（奇禽恠獣に関して一々の郡県を挙げてその形容を論ぜよ）の策問に対して、いったんは不第と判定され、後日に「佐世の才学、漸《ようや》く長じ、国用と為すに当たれり。何ぞ一日の失対を責め、ただ千年の人を得るを善しとせんや。今、長短相補ひ、纔《わずか》に中上に処す」として、丁第に改められたことがわかる（『都氏文集』巻五）。

清行は方伎、房中術を含む医学や天文・暦数・占星・相卜など呪術的なものにも通暁しており、著述の『善家秘記』には怪異に対する関心がうかがわれる。道真の策問のうち「方伎の短長」は、儒教からみれば異端の術であるものに関してその優劣長短を質問し、清行の見識を尋ねるという配慮を示したものであった。したがって道真は公平な策問を行ったと思われるが、「長短」ではなく、「短長」となっているのは若干の含意がなかったわけではないのかもしれない。不第となった清行には当然不満が残り、元慶五年の道真に対する讒口《ざんこう》は、あるいは清行あたりが扇動したのではないかと疑われるゆえんである。この清行との齟齬《そご》は後に道真に大きな打撃を加えることになる。

なお、『文草』巻二—九四「詩を吟ずることを勧めて、紀秀才に寄す」の題註によると、当時詩文を軽視する風潮があったようである。島田忠臣も貞観六年の作に「近来盛んに詩人無用と謂《い》ふ」と述べており（『田氏家集』巻上）、紀伝道のなかにも実務型儒者と詩人派があり、実務型の人々からは「詩人無用」論が呈され、詩人派の道真としてはなおさら自派の振興、「通儒」の芽を排除することを志向したのかもしれない。

諸貴族との交流

すでに文章得業生の時代から道真はさまざまな人々からの依頼に応じて作文を行っていた。こうした事例は文章博士になるとますます多くなり、比定年次に問題が残る淳和天皇の皇后であった太皇太后正子《せいし》内親王の后号返上、嵯峨院を大覚寺《だいかくじ》に改名し、僧俗別当を置く際の奏状（『文草』巻九―五八八〜五九〇）は措くとして、確実なところでは元慶三年に元慶寺鐘銘《しょうめい》を書き（同巻七―五一九）、十一月十三日に撰進された『日本文徳天皇実録』の序文を認めている（同巻七―五五四）。『日本文徳天皇実録』は右大臣藤原基経を筆頭に、父是善と島田良臣が序文に名を連ねており、道真は是善の命により序文を執筆したという。この史書の編纂には都良香も深く関与していたが（『江談抄』第五―二四）、良香は二月二十五日に卒去しているので、もう一人の文章博士である道真に序文執筆の役割が回ってきたのであろう。編纂者のうち、良香が完成・奏上前に死去したことは序文末尾でも言及されており、筆頭者である基経が奏進する立場になって、編纂の経緯をまとめた形になっている。

この基経との関連では、是善のところで上述した朔旦冬至《さくたんとうじ》について、元慶三年十一月一日が朔旦冬至になった賀表を作成している（『文草』巻十―六三二）。道真はまた、基経の私邸での遊宴に参加し、詩作も行っている。しばらく年次が離れるが、元慶七年の作文会《さくもんえ》では池の砂浜にいる鷗《かもめ》を詠み（同巻二―一〇二）、同八年には基経の書斎にて『孝経』を講じた際に、「忠順失はずして、其の上に事《つか》ふ」の一節にちなんで作った詩（同一四六）の詩句にうかがわれるように、亡父是善の名を汚さないとする孝心とともに、卿大夫《けいたいふ》につぐ士階層の出身者で、式部少輔として、太政官、その上首者である基経に忠誠を誓うような姿勢をみせている。

仁和《にんな》元年（八八五）には、改元以前に基経の書斎にて『世説新事』（南朝の宋の劉義慶《りゅうぎけい》著。六巻で、後漢から東晋までの逸事を集めたもの）を読みはじめ、作詩は改元後と目されるが、太政大臣である基経の治政がよろしきを得ているので、陰陽がよく調和し、春暖の気が樹木にさえ及んでいると称揚する句がみられる（同一四九）。この年の冬、五十歳になった基経の算賀では、宴座に据えられた屛風製作に関与しており、詩作は道真、書は藤原敏行《としゆき》、画は巨勢金岡《かなおか》であったという（同一七四～一七八）。これはまた、平正範《たいらのまさのり》との交友によって製作に参画したものであった。正範は高棟《たかむね》王の子で、文士の平氏につながる惟範《これのり》の兄、惟範の母は藤原長良《ながよし》の女なので（『尊卑分脈』第四篇四頁）、長良の子で、良房《よしふさ》の猶子になった基経には甥にあたる関係になる。基経とは講書や作文会というやや公的な関係でのつながりであるが、正範とは元慶七年晩秋に河西別業《かわにしべつぎょう》で交歓し、囲碁に興じるなど、数少ない知友としての交わりが看取される（『文草』巻二—一四二）。

以上、道真と基経の交流の一端にふれたが、そのほか、嵯峨天皇の女尚侍《ないしのかみ》源全姫《またひめ》（同巻十—六二四）や仁明源氏の源多《まさる》（同巻九—五九一・五九二、巻七—五二〇、巻十—六二六〜六二八）の作文に従事しており、また左兵衛少志坂上有識《しょうさかんさかのうえのありさと》、式部大輔《たいふ》藤原某《なにがし》、中納言在原行平《ありわらのゆきひら》、参議藤原山陰《やまかげ》、阿波守藤原高経《たかつね》、木工允平遂良《もくのじょうたいらのすいりょう》など、さまざまな人々の願文作成も知られる（同巻十二—六五三〜六五八）。「左相撲司標所記《すまい》」（同巻七—五二七）は元慶六年八月一日の作、相撲節に際して、別当時康《ときやす》親王（後の光孝天皇）・中納言源能有・参議藤原国経《くにつね》らの左相撲屋の作り物を制作する過程とできあがった作品を描写するもので、時の左近衛大将は源多であるから、これも源多との関係によるのかもしれない。

匿詩の嫌疑

元慶六年七月一日には「参議の官を定めて職事と為すことを請ふの事」、令外官《りょうげのかん》（令の規定にない官職）である参議に関して、相当位・考選・禄などの定式を定め、職事官（職務のある官職）として位置づけるべきことを奏上した文章を作成しており（同巻九—五九三）、これは道真が式部少輔であったため、式部省の公務として筆を執ったものであるという。後述の太政大臣の職務についての勘申にもつながる、道真の律令官制に関する見識をうかがわせるものとして興味深い。

ところで、この年の夏には、「博士難」の騒動に続いて、大納言藤原冬緒《ふゆお》（七十五歳）を誹謗する匿名の詩がみつかった。冬緒が辞任を求めて天皇から却下された件を批判したものかと目されるが、その出来栄えから文章博士である道真の作ではないかという嫌疑がかけられている。道真は「思ふ所有り」（同巻二―九八）で、世間には小人が多いので仕方がないが、匿詩を作る能力のある人は沢山いるのに、どうして自分が犯人に擬されるのかと反発を示す。ただ、自分は天神地祇《てんじんちぎ》に誓って証しを立てても、どこかに真犯人がいてほくそ笑んでいると述べ、嫌疑を払拭しきれない苛立ちも看取される。最後には自分には相談できる兄弟はいないが、気心の知れた友人がいるので、作詩が原因で匿詩の嫌疑をかけられたけれども、自分の気持ちを訴えるのはこの詩作しかないと開き直る強さをみせている。

こうした騒動はあったが、元慶七年には「菅家廊下」の書斎を新築しており、「小廊新たに成り、聊かに壁に題す」（同巻二―一一四）の前半部分では書斎の様子を描写し、狭小ではあっても新造に満足げである。一方、後半部分ではうるさい世俗のつき合いを煩《わずら》わしく思う心情が記され、末尾において世俗を離れた学問の世界に浸ることを切望するものの、泥まみれになって、朝早くから晩遅くまでせっせと働かねば処世が成り立たないと詠嘆するものである。文章博士としての教育面では、元慶八年には丹誼《たんぎ》（丹治比《たじひ》姓者）、和《わ》平《へい》（和気《わけ》朝臣または和迩部《わにべ》宿禰）、橘楓《きつふう》（橘朝臣某）、中義《ちゅうぎ》（大中臣《おおなかとみ》、田中、中原など）、野達《やたつ》（小野姓者）、田絃《でんげん》（島田朝臣某）、多信《たしん》（多《おお》朝臣某）、和明《わめい》（「此れは是れ功臣、代々の孫」とあるので、和気朝臣か）、右生《ゆうせい》（?）、橘木《きつぼく》（橘朝臣某）の十人が文章生になり（進士及第）、それぞれに祝詞の詩を賦しており（同巻二―一二九〜一三八）、門下の人々が続々と官界に羽ばたいていくときを迎えつつあった。

渤海使との交歓

元慶七年にはまた、渤海使裴頲《はいてい》が入京し、道真は鴻臚館《こうろかん》で漢詩の交歓を行う賓待の役割を果たしている。裴頲は寛平六年（八九四）、延喜八年（九〇八）にも来日するが、「七歩之才」（三国時代の魏の曹植《そうしょく》が兄の文帝〈曹丕《そうひ》〉にその才能を妬まれ、七歩歩く間に詩を作れと命じられて作詩した故事をふまえて、詩を作るのが速いこと、作詩の才能を示す）を有していた（同巻七―五五五）。朝集殿での大臣主催の宴席において、容儀の立派な者を接待役とし、左衛門権介藤原良積《よしづみ》が共食者《きょうしょくしゃ》（客とともに飲食する人）になったものの、彼は作詩はまったくだめで、裴頲が詩文を送ろうとしたところ、這々《ほうほう》の体で退席してしまったので、陽成《ようぜい》天皇は勅使を派遣して裴頲に御衣《おんぞ》を賜与してその高才・風儀を賞するという出来事もあった（『日本三代実録』元慶七年五月十日条）。

これはいわば外交的な失態であり、鴻臚館における文人参加の詩宴ではどうしても日本の名誉回復を図らねばならなかった。道真は前回の渤海使来日の際、母の死により賓待役を務めることができなかったので、今回は文章博士であり、意気込みは大きかったと思われる。「鴻臚館贈答詩序」（『文草』巻七―五五五）はこのときの酬和詩《しゅうわし》五十九首の序文であるが、道真らは宿構《しゅくこう》、つまりあらかじめ準備してきた詩を詠じるのではなく、面対即席、その場で作詩するという真剣勝負で臨んでいる。渤海使が入京した四月二十九日から、帰国のために離京する五月十二日まで、四月二十九日から五月十一日に何度か鴻臚館を訪問することがあり、文芸面、文化の優劣を競う役割を果たした次第である。道真の作詩は『文草』巻二―一〇四〜一一二・一一三、『田氏家集』中にみえ、「神泉苑の白麑《はくげい》を勘奏するの状」（同巻九―五九五）は、『日本三代実録』元慶七年五月二十六日条に神泉苑に放飼されていた鹿が白鹿を生んだのは、「遠客来朝」による禎祥《ていしょう》（めでたいしるし）であると記されているのに関連する文章である。

なお、元慶三年の都良香の死去以来、文章博士は道真の一人体制が続いていたが、道真は元慶八年二月二十五日に文章博士の補充を求める請状《こいじょう》を呈しており（『文草』巻九―五九七）、これにより道真が力量を評価していた紀長谷雄がもう一人の文章博士に就任することになる。

勘申の役割

この元慶八年には政治面で大きな変動があった。真相はなお不明の点も多いが、太政大臣藤原基経が十七歳の陽成天皇を廃位し、時に五十四歳の時康親王（仁明天皇の子）が二月二十三日に光孝天皇となるのである。陽成天皇には基経の女佳珠子《かずこ》との間に貞辰《さだとき》親王がいたが、臣下による天皇の廃立という異例の事態に際して、基経は自らの外戚としての立場強化といった露骨な意図を示すことはなかったようである。ただし、光孝天皇の母藤原沢子《たくし》は基経の母乙春《おとはる》と同母姉妹であり、人格者の呼び声が高い時康親王であるが（『日本三代実録』光孝即位前紀）、そこには基経なりの選択が作用していたと思われる。

光孝天皇は傍流になっていた自分を即位させてくれた基経に政務を委ねたいと考えたが、ともに九歳で即した清和・陽成天皇には良房・基経が摂政として政務を代行・補助するという先例があったものの、成人の天皇の政務を委任した事例はない。そこで、まず基経が帯する太政大臣の職掌を検討し、この職位で政務委任することができないかどうかを模索するのである。ここで諸博士らにその検討を命じ、結果を報告させること、勘申《かんじん》という行為が求められた次第である（『日本三代実録』元慶八年五月二十九日条）。質問は二つ、①太政大臣には職務があるか否か、②太政大臣は中国の歴史のなかでどの職位に相当するのか、であった。

勘申を行ったのは、文章博士菅原道真、博士（明経《みょうぎょう》博士）善淵永貞《よしぶちのながさだ》、助教浄野宮雄《きよののみやお》・中原月雄《つきお》、少外記大蔵善行《おおくらのよしゆき》、右少史兼明法《みょうぼう》博士凡春宗《おおしのはるむね》、大内記菅野惟肖《すがののこれゆき》、明法博士忌《いん》

表7　太政大臣の職務をめぐる勘申

肩書・人名	①	②
文章博士菅原道真	分職なし	漢の相国，唐の三師に相当．ただし，相違は大きい
明経博士善淵永貞	三公に相当する職がある	三師三公に相当
助教浄野宮雄	（訓導之官）	
助教中原月雄		
少外記大蔵善行	唐の三師三公を兼ね，統職なし	周・漢の三公・相国，唐の三師三公
右少史兼明法博士凡春宗	分掌なし	
大内記菅野惟肖		三師三公の筆頭の太師
明法博士忌部濬継	分掌なし	

（備考）明経道の三人は善淵永貞が代表して意見を述べたものと解される．

部濬継《べのただつぐ》の面々で、各分野の専門家が総動員されている。勘中内容は律令条文や中国の官制などにわたる難解な議論であり、今、各人の勘中の要点を表示すると、表7のようになる。

職員令太政官条には、太政大臣は、

一人《いちにん》に師として範として、四海に儀形《ぎぎょう》たり。邦を経《おさ》め道を論し、陰陽を変《やわ》らげ理《おさ》めむ。其の人無くは闕《か》けよ。

とあり、「一人」、すなわち天皇を教導できるような聖人君子としての人格が必要で、ふさわしい人がいなければ欠員とするということで、「則闕《そっけつ》之《の》官《かん》」とも称される。奈良時代には生前に太政大臣になったのは、専制権力を振るった藤原仲麻呂（大師）と道鏡《どうきょう》（太政大臣禅師）だけで、平安時代になってからも、官職を昇り詰めた人の名誉職的意味合いが大きい。したがって太政官の実質的な最高位は左大臣で、最高の執政職として「一《いち》の上《かみ》」（第一の上卿《しょうけい》）と称されるゆえんである。

道真の奉答は最も明解といわれており、①については養老令の官撰注釈書である『令義解』の解釈に基づいて、分掌の職はないとし、②では漢～唐の類似の官職を探り、漢の相国《しょうこく》（宰相）などや唐の三師三公（天子の側で政務を総裁する三人の高官）に相当するが、日本の太政大臣は分掌がないものの、太政官の職事官である点が中国の制度とは異なると、含みを残した指摘を行っている。善淵永貞の三師三公に相当する職があるというのは、「訓導之官」ということであって、諸博士の勘申はおおむね具体的な分掌なしとするのが優勢である。光孝天皇は師範・訓導のみではなく、内外の政《まつりごと》に関与しないものはないという側面があると理解したようであるが、従来の太政大臣という職のみでは不充分と感じたようで、たとえ分掌の職がなくても、天皇の耳目腹心として天皇の憂いを分つような役割を期待して、後の関白に相当する職務内容を委任することにしている。

その宣命《せんみょう》では、

今日より官庁に坐《ざし》て就《つき》て万政を領《はか》り行ひ、入りては朕《ちん》の躬《み》を輔《たす》け、出でては百官を総《す》ぶべし。奏すべきの事、下すべきの件、必ず先ず諮《はか》り稟《う》けよ。朕まさに垂拱《すいきょう》して成るを仰がむ。

とあり（『日本三代実録』元慶八年六月五日条）、太政官においてすべての政務を領行し、百官を統括して、天皇を輔弼《ほひつ》することを要請している。そして、臣下からの上奏、天皇の詔勅頒行《はんこう》に関しては、必ずまず基経の判断を仰ぎ、天皇はそれを「垂拱」（手をこまねいて何もしない）して遂行するとまで述べている。「関白」の語が登場するのは後述の宇多天皇即位のときであるが、「関白」（関《あずか》り白《もう》すという動詞）と同意の職務内容であり、実質的な関白の始まりと位置づけられるゆえんである。

道真らは律令の規定や中国の古典の知識に基づいて奉答し、光孝天皇はそれによって現行のものだけでは基経を遇するに不充分であると感得したのであり、そこに勘申の果たす役割があったと思われる。上述の参議に関する奏上のほか、道真は陽成天皇の曽祖姑である正子内親王（淳和太皇太后）には凶礼を停止すべきことなども奉答しており（『文草』巻七―五五六、元慶三年三月二十五日）、文章博士として時々の課題に対処する勤務ぶりがうかがわれる。

讃岐守時代

国司への就任

こうした文章博士として日々を送っていた道真であるが、仁和二年（八八六）正月十六日の任官で、讃岐守として地方に転出するという思わざる状況に直面することになる。讃岐国は南海道に属し、延喜民部上式の国の等級では上国、大内・寒川・三木・山田・香川・阿野《あや》（国府所在）・鵜足《うたり》・那珂《なか》・多度《たど》・三野・刈田の十一郡で構成されている。主計上式では「行程上十一日、下六日」「海路十二日」とあるが、賦役《ぶやく》令調庸物条集解古記《しゆうげこき》が引く民部省式では「近国」に位置づけられ、都からはそれほど遠隔地ではなく、瀬戸内海交通の要衝地であった。後代の評価であるが、近江・播磨・美作・備前・備中・讃岐・伊予の七国は、公卿になる人物の経歴のなかでも有力な国で、公卿の兼国例も多く、受領《ずりよう》（任地に赴いた国司のうちの最上官）になるのが望ましい国、

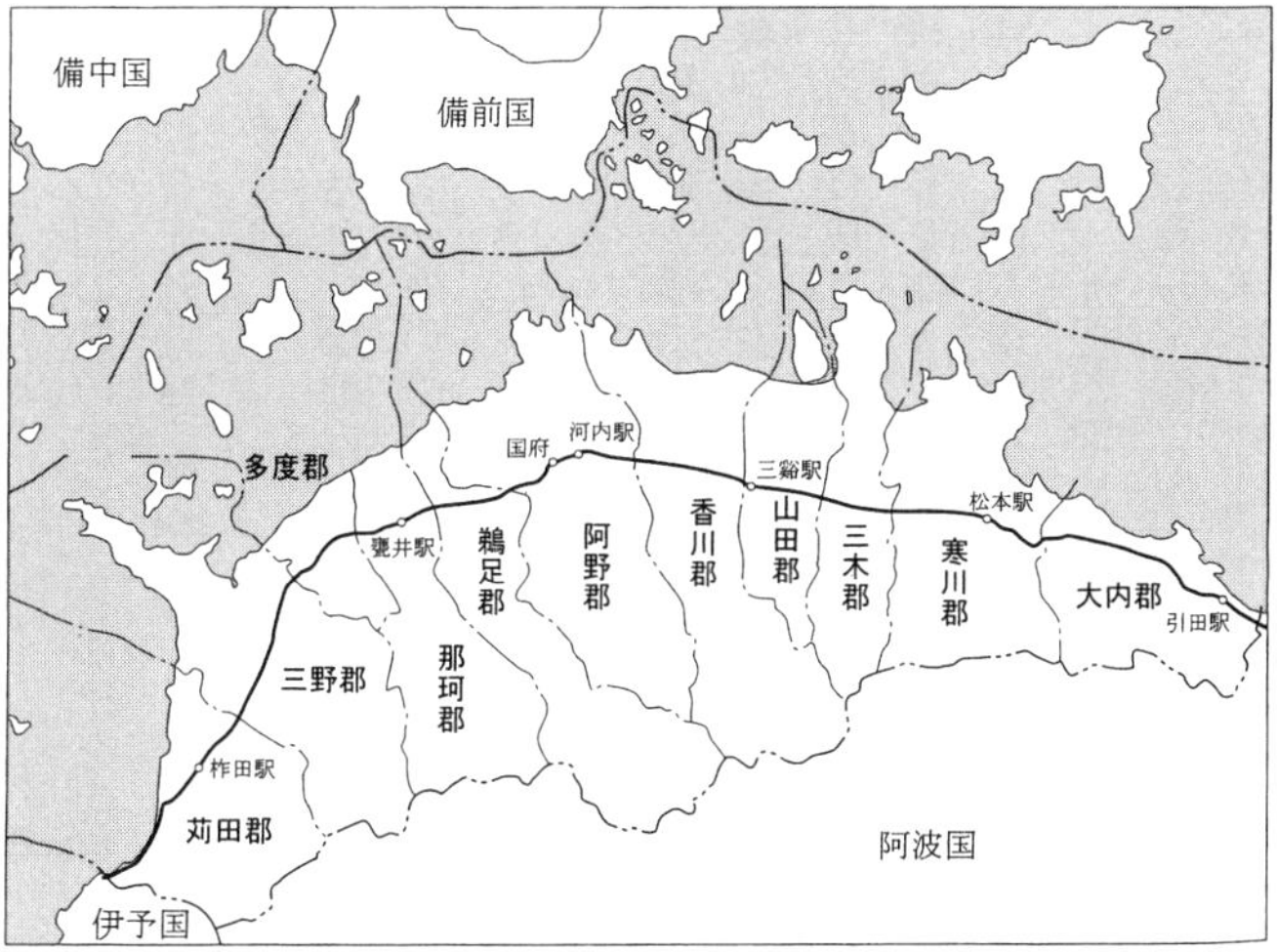

図９　讃岐国全体図（古代交通研究会編『日本古代道路事典』〈八木書店，2004年〉308頁）

安定した収入を得ることができる国（熟国）の最上位に位置づけられている。

讃岐出身の人物としては空海、円珍が著名で、奈良時代以来の南都仏教界では讃岐人脈も有力であった。讃岐からはまた、讃岐永直《ながなお》（『日本三代実録』貞観四年〈八六二〉八月十七日条）、惟《これ》宗直本《むねのなおもと》（『令集解』の編者、本姓秦《はた》氏）などの明法家が輩出しており、明法博士凡春宗も讃岐国造《くにのみやつこ》讃岐凡直《あたい》氏の系譜を引く人物と目される。道真の前任者は良吏《りょうり》として名高い藤原保則《やすのり》（八二五〜八九五年）で、出羽国の元慶の乱（仁和三年）を平定し、備中守や大宰大弐《だいに》などとして治績も豊富である

が、『藤原保則伝』（三善清行作）には、

この国の庶の民は、皆法律を学びて、論を執ること各々異なりぬ。邑里畔《ゆうりくろ》を疆《かぎ》りて、動《やや》むずれば諍訟《そうしょう》を成せり。公、境に入りてより、人人相譲ること、虞芮《ぐぜい》の恥心あるがごとし。

と描写され、保則は何とか統治することができたというものの、法律に通暁していて訴訟を好む者が多いので、なかなかに難治のところもある国であった。

このときの人事では多くの文人たちも地方官に転出しているので、光孝天皇・基経には不充分であった、太政大臣の権能に関する勘申の顛末をふまえて、道真の讃岐守就任は一種の左降人事であったとの指摘もなされている。しかし、道真らの勘申が関白につながる新しい職務を生み出した点には意義があり、上述のように、道真は基経のためにさまざまな文章作成に奉仕しており、関係は良好であったと思われる。基経は自宅で道真のために餞別の宴を開き、前途を励ましてくれたというから（『文草』巻三―一八六）、道真の讃岐守任官には左遷の意味合いはなく、むしろ道真の見識を広げることが期待されていたと考えられる。元慶年間には秀才試及第者が国司として赴任する状況が出現し、道真も文人としての知識が実際に国司としての治政にどのように通用するかを試されて任官したのであり、道真は自身の国司としての評価を気にかけていたとする指摘もなされている。祖父清公には尾張介として儒教的統治を施した実績があり、道真にも文人としての理念をどのように実践の場で発揮するのか、模索が求められたのであろう。

外官任用に対する心情

とはいうものの、父是善は何回か国司になっているが、いずれも兼官で、地方に赴任したことはなく、「菅家廊下」の相承者としては久方ぶりの地方での生活である。道真は外官になったので、本来は内宴に参加できなかったが、赴任前であったためか、正月二十一日の内宴に参加しており、内宴の華麗さに浸る一方で、海路をとりつつの讃岐への赴任を悔悟《かいご》する心情が記されている（同一八三）。

国司には赴任準備のための装束暇《しょうぞくか》があり（近国二十日、中国三十日、遠国四十日）、讃岐は近国なので二十日間、そのほかに交替事務のために最大百二十日（うち八十日は分付・受領という事務引き継ぎ〈「付領之程」〉、二十日は前司〈前任者〉と後司〈後任者、新司とも〉間の国務をめぐる問題点の論議〈「所執之程」〉、二十日は解由状《げゆじょう》〈後任者が前任者に過怠のなかったことを証明して渡した文書〉または不与《ふよ》解由状〈解由状が与えられない場合に作成された文書〉の作成〈「繕写署印之限」〉）が認められていた。道真が讃岐に向かうのは三月のことで（同一八八「中途送春」）、それまでいくつかの餞宴《せんえん》が催されている。上述の内宴では王公たちが道真に酒をついでくれ、基経が道真の前に佇《たたず》み、白楽天の詩句「明朝の風景、何人にか属《つ》けん」と吟じて、これに応製するようにと告げたが、道真は「涙流して嗚咽《おえつ》す。

とがてきた（同一八四）。

宴を罷《まか》りて家に帰り、通夜睡《ねむ》らず、黙然としてただ病みたらむが如く胸塞《ふさ》がる」であったといい、左中弁の藤原佐世がそばでこのやりとりを聞いていたので、何とか応詩を作るこ

道真は時に四十二歳、都で生まれ、都で過ごしてきた身には、外国への赴任・生活は不安が大きかったようである。藤原佐世の餞宴では、「讃州の刺史《しし》、自然《おのずか》ら悲し」と述べ（同一八五）、基経の餞宴でも「東閤を辞《じ》せまく欲《ほつせ》りして、何なることを恨みとせむ。明春、洛下の花を見ざらむことを」と、都を離れなければならない心情を披露している（同一八六）。そして、文章院の北堂での餞宴では、上国である讃岐の守の相当位は従五位下で、従五位下式部少輔兼文章博士であった道真の人事としては横すべりであるが、「左遷」、中央官人の感覚として地方官への赴任をそのように評する声があることが知られ、道真自身も「分憂《ぶんゆう》」、天子の憂いを分かち、天皇の代理として地方統治にあたる受領の任は「祖《そ》業《ぎょう》」ではないとまで断言している（同一八七）。

道真が讃岐への赴任を不本意に思っていたことはまちがいなく、詩文上の感傷を考慮しても、赴任後も随所でそうした心情をかいまみることができる。下向中には四十二歳での赴任に涙し（同一八八）、赴任の年の秋の夜長には、切り上げると五十歳が近づく自分が地方官として外国にあるのに納得がいかない様子が看取される（同一九二）。

頭髪に白髪を見つけたときは、南海道の国にいて愁《うれ》いが多いことに原因を求め（同一九四）、「讃州刺史、本詩人《もと》」（巻四―二四三）という自己認識のもと、仁和三年十一月十七日に正五位下に昇叙しても、自己のアイデンティティーが失われたままであることを歎《なげ》いている（同二五四）。在任三年目になった仁和四年にも、「性、酒を嗜むことなければ、愁へは散じ難し」と鬱屈《うっくつ》する日々で（同二七六）、受領の任期は四年なので、三年目以降には秩満解任《ちつまんかいにん》となって都に戻る日を指折り数えて、さまざまな気持ちを吐露する詩句が散見するようになる（同三一七）。

讃岐国の様子

ここで道真が勤務する讃岐国の様子、とくに国府周辺の様相や人員構成などにふれてみたい。讃岐国の国府は阿野郡に所在し、その中枢部の具体相は長らく不詳であったが、近年の発掘調査の成果により、いく分かの手がかりが得られている。『文草』巻三―二二〇「客舎冬夜《きゃくしゃとうや》」に、「開法寺は府衙《ふが》の西に在り」とあり、従来から開法寺跡の東側の微高地に国府域が広がることはわかっていたが、この讃岐国府跡の三〇次を超える発掘調査の実施により、瓦・施釉《せゆう》陶器、文字の使用に関わる硯《すずり》（円面硯、風字硯、転用硯）など、官衙の所在を示唆する特徴的な遺物が多く出土した。また大型建物跡も続々と検出されており、Ⅰ期が七世紀中葉～八世紀初、Ⅱ期が八世紀後葉～十世紀初、Ⅲ期が十世紀前葉～後葉、Ⅳ期が十一世紀～十三世紀といった時期区分が示

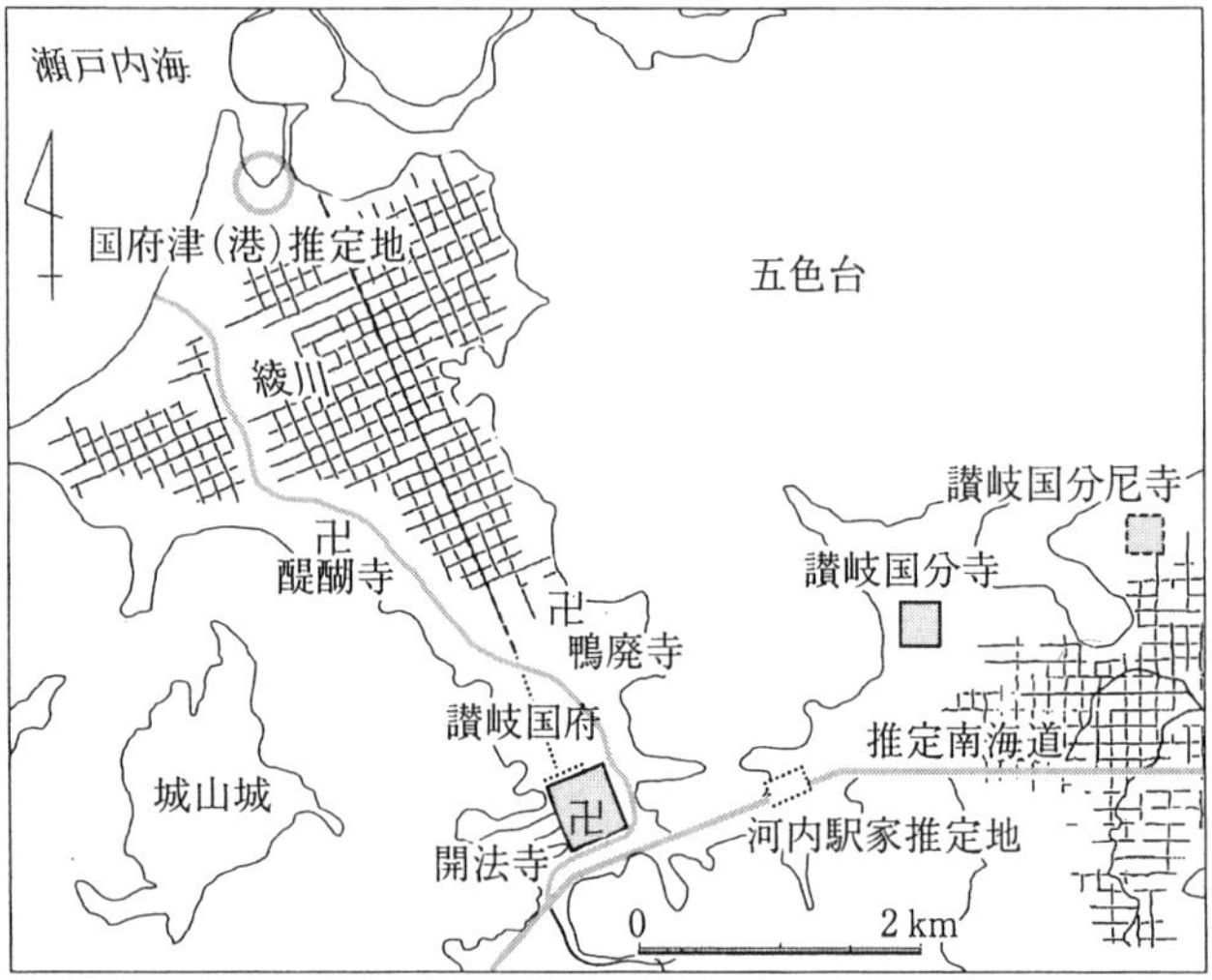

図10　讃岐国府周辺の様相（今正秀『摂関政治と菅原道真』〈吉川弘文館，2013年〉57頁）

されている。

発掘調査の方はなお今後の進展に期待される部分が大きいが、文献史料としては道真の詩賦に国府および周辺の関係施設が描かれているので、それらを整理しておきたい。『朝野《ちょうや》群載《ぐんさい》』巻二十二「国務条々」は十一世紀末〜十二世紀前半の国衙機構の様相を知ることができる史料であるが、第二十条には「官舎」として神社、学校・孔子廟堂、国庁院、郡庫院、駅館、厨家《くりや》、および諸郡院、別院、駅家《うまや》、国分二寺堂塔などが挙げられており、表8—1の国庁や3の国学関係の施設は国府の構成要素となるものであることがわかる。その

表8　讃岐国府の諸施設

1	国庁	庁(286)，衙(193，197，218，223，232，247)，州衙(262；門・蓮池あり)，府庫(219)
2	国司館	公館(219，288)，客舎(210，232，245，259，261，264，276，288，313，317)，旅館(211，290，523，662)，旅亭(213，214)
3	儒教関係の施設	州廟(220)，儒館(262)
4	駅・津関係の施設	駅亭楼(219)，松山館(222；官舎あり)，津頭客館(234)
5	仏教関係	金光明寺(191)，法花寺(257)，寺〔開法寺〕(193，210；鐘)，山寺(310)
6	その他	南山(232，258)，城山(525)
◎	儀式等	百講会(191；金光明寺)，釋奠(220；州廟)，祈雨(255，525)，懺悔会(279)，元日(280)，斎日(289)，端午日(293)，納涼小宴(296)，水辺試飲(299)，庚申夜(318)

(備考)数字は『菅家文草』の詩文番号．

ほか、『万葉集』巻十七の越中守大伴家持《やかもち》の執務ぶりには、国司四等官がそれぞれに館を有しており、国司館《こくしのたち》と称すべき私的な居住空間があったことが知られる（『続日本紀』天平十五年〈七四三〉五月丙寅条、『類聚三代格』巻七、弘仁五年〈八一四〉六月二十三日官符、天平六年度出雲国計会帳、仮寧《けにょう》令外官聞喪条集解古記、『日本霊異記』中巻第二十話、『今昔物語集』巻二十五第十話なども参照）。２のうち、客舎・旅館・旅亭はいずれも道真の居所を示し、みずからは「客」の立場、一時の「旅」の期間の滞在に過ぎないという認識を反映するもので、国司館を指すものとみてよいであろう。

４のうちの国津は国府から北上した海岸部に所在し、松山館は松を植樹した官舎の存在による命名で、あるいは『和名抄《わみょうしょう》』阿野郡松山郷に由来する名称とも目され、津頭《しんとう》客館と同じものを指すと考えられる。道真が赴任して讃岐国に第一歩を印したのもこの場所で、その際には倉主簿《しゅぼ》＝国司の第四等官である目《さかん》の某が出迎えてくれたという（同二三四）。『保元物語』下「為朝《ためとも》生ヶ捕り遠流《おんる》ニ処セラルル事」には、讃岐国に配流になった崇徳《すとく》上皇を「御所ハ未造出、当国ノ二ノ在庁高遠が松山ノ堂ニ渡ラセ給」とあり、後代には有力な在庁官人綾高遠《あやのたかとお》の「松山ノ堂」と称する拠点が設けられていたことが知られる。『国訳全讃史』（藤田書店、一九七二年）所引綾氏系譜には、高末に「野大夫と称し、綾在庁と号す。崇徳院、高末の家を以て皇居と為し、高末を以て二位に叙す」とあり、その子として高遠がみえる。

5の寺院に関しては、道真は州府巡視の詩序で、国府の北にある蓮池の花を「部内二十八寺」に分捨することを提案したといい、「都《す》べて計る道場ただ四七ならくのみ」の詩句がみえるので（同二六二）、讃岐国には金光明寺《こんこうみょうじ》＝国分寺、法花寺《ほっけじ》＝国分尼寺や国府の西隣りの開法寺をはじめとする二十八寺があったことがわかる。国分寺は発掘調査が進んでおり、道真の時代にも「百講会」＝仁王会《にんのうえ》が開催されるなどしていた。6の南山は国府の南の山で、「亡名処士」、世間を避けて山中に居住する知識人があり、あるいは修行僧などもいたのかもしれない。城山《きやま》には白村江《はくそんこう》戦（天智二年〈六六三〉）の敗戦後に防衛網の一つとして造営された朝鮮式山城《やまじろ》があり、讃岐国にはもう一つ、山田郡に屋島城があって、一国二城という稀有の配置であるが、阿野郡のこの地に国府が選定されたのは、城山の存在が大きかったと思われる。

なお、讃岐国の官人としては、守である道真の下に、上国の人員として介一人、掾一人、目一人、史生《ししょう》三人がおり、そのほかに国書生《くにのしょしょう》が四〇人いたはずで、国府に仕える雑任《ぞうにん》はかなりの人数があった。道真を出迎えてくれた目某は道真よりも早く秩満となって帰京するので（同二三四）、道真の周囲には詩作をともにするような人がなかなかおらず、これも地方暮らしの寂しさの一因であったと思われる。仁和三年の元日には村老たちを招いて新年を賀す小飲を催し（同二一四）、国庁での政務が終わってから、同僚の国司たちとともに馬で南山に行ったりもし（同二三二「衙後に諸僚友を勧めて、共に南山に遊ぶ」）、また任終《にんしゅう》の寛平元年（八八九）には、善淵博士、物章医師、藤司馬、すなわち国博士、国医師や掾藤原某など多少なりとも文才のある人々と詩の交歓を行ったといい（同三〇六・三〇七）、同僚や地元の人々との交流にも努めている。ただし、二月の釈奠に関しては、儀礼挙行の不備が記されており（同二二〇）、文章博士であった道真には目を覆うばかりの惨状であったと思われる。

『文草』巻三—二一七「字《あざな》尚貞を夢みる〈府衙の書生にして、一日頓死《とんし》せるなり〉」には、頓死した国書生のことがふれられており、「名簡」、名札を掲げて出勤の有無を管理するしくみであったことがわかる。道真がこの国書生の実務能力を相応に評価していたことが看取できるとともに、「妻孥《さいど》の餓死せむとするを訴へむがために、太守の夢の中を窺ひて来りしなるべし」の句には、在地有力者が出仕する国書生クラスでも、残された家族が自立して生活することが厳しい状況であったことが知られ、地方官人の一様相として興味深い。

国守としての道真

上述のように、道真は讃岐国への下向を不本意と思っていたが、官吏たちとの交わりなど、それなりに起伏に富んだ日々であった。では、国守としての道真の仕事ぶりはいかがであろうか。まず仁和二年の到着後、讃岐国では一ヶ月間も雨が降らず、国分寺で仁王会を開催したところ、早速に効果が現れ降雨があり、その歓喜を詠じている（同一九一）。讃岐国は元来少雨であるうえに、大きな川がなく、弘法大師空海による万濃池《まんのういけ》築造（『大師行状集記』弘仁十二年〈八二一〉九月）のように、水の確保に意が注がれ、水不足に苦しむことが多かった。当時の基幹産業である農業の順調な運営にも水は不可欠であり、道真もこの課題に取り組まねばならなかった。とくに仁和四年は少雨・旱天で、道真は任終が近づくのを指折り数えて待つ一方で、勧農に励み（『文草』巻四―二五一）、四月七日には部内を巡視し、二十八寺に豊年を祈願しているのに、降雨がないのを歎き（同二六二）、五月六日には「城山の神を祭る文」（巻七―五二五）を作成して、城山の神を脅したり、なだめたりし、なんとか降雨の願いを聞き届けてもらおうとしている。

道真はけっして国守の職務を蔑《ないがし》ろにしたわけではなかった。道真は部内の人々のくらしぶりも細かに観察している。『文草』巻三―二〇〇～二〇九「寒早十首」は、走還人（他国に浮浪逃亡して本貫《ほんがん》〈本籍地〉に放還された人）、鰥《やもめ》、孤《みなしご》、薬園人、駅亭人、釣魚人、売塩人、採樵《さいしょう》人などさまざまな境遇・職業の人々を描写したもので、「何れの人にか、寒気早き」という書き出しで、冬の寒さとともに、徴税の負担や生活の苦しさを具体的に叙述する。たとえば売塩人に関しては、零細な製塩労働者や売塩人が豪民の活動によって不利益を被っている状況にもふれられている（同二〇八）。

この点に関しては、『日本後紀』延暦十八年（七九九）十一月甲寅条に備前国児島郡の百姓《ひゃくせい》たちの製塩に対して、「勢家豪民」が山野浜島を占拠して妨害することが問題とされており、後述の寛平の治における王臣家人《おうしんけにん》（天皇権力と結びついて勢力を強めた皇親や貴族の関係者）の地方進出への対処とも関連する状況がうかがわれるものである。「行春詞」（同二一九）は春に部内巡行した際の作と目され、部内の豊作を祈念するとともに、「霊《くす》しき祠《ほこら》に怪語するは、年高けにける祝《はふり》、古き寺に玄談《げんだん》するは、臈老《ろうお》いにける僧」と、神仏に関わる存在にも目配りしていることがわかる。

また「路に白頭の翁に遇ふ」(同二二一)は九十八歳の老人からそのくらしぶりや歴代の国司の統治ぶりを聞くという内容で、これも国守の部内巡行の際の「百年を問ふ」(戸令国守巡行条)に即した行為である。道真の対策の際の試験問題のところでふれたように、九世紀は東アジア規模の気候変動や自然災害が多く、白頭翁《はくとうおう》が語るところでは、清和朝末から陽成朝初頃には旱害や疫死があっても国司が言上しないという苛政《かせい》も加味され、讃岐国の人々は辛苦する状況であった。ただ、この点は『日本三代実録』元慶元年(八七七)二月四日条に讃岐国の民の徭《よう》十日を復するという詔《みことのり》があり、これは大極殿の石を造るための労役が多い代償と記されているので、貞観十八年(八七六)四月焼亡の大極殿再建に関する徴発も一つの原因であったとする指摘もある。しかし、安倍興行《おきゆき》(元慶二～五年任か)は郡郷を巡行し、讃岐国の興復に努め、藤原保則(元慶六～仁和元年任)は公平な裁判を行って清浄な政務運営をしたので、白頭翁もまずまずのくらしができるようになっているという。

自己評価と諦観

道真は安倍興行・藤原保則ら近年の良吏を父兄と仰ぎ、先輩両氏の積み立てた善政のあとをうけて、国司としての統治がうまくいくことを願いながらも、部内巡行に努めたり、臥《ふ》しながら政務を聴いたりした両人の手法とは異なる形で自分なりの方法を模索したいと思いつつ、やはり作詩の時間も欲しいと嘆言を述べている。この新しい手法の模索は、寛平の治につながるとの指摘もあるが、寛平の治と道真の関係は後述することにしたい。

「行春詞」では、府庫・池溝の管理、冤罪・刑罰のあり方や民のくらしぶりを問うなど、国司として懸命に勤めているものの、先輩の良吏に比べると、国司として抜群の成績が認められて栄転できるような望みはなく、何とか酷吏《こくり》だという評判にはなっていないが、政《せい》拙《せつ》で、名声が立つようなことはないというのが自己評価であった。ここではまた、「恨むらくは、青青として汚染したる蠅《はえ》あることを」とも記されており、腐敗汚染した輩、つまり任用国司などのなかには不正を働く人物がいることを看破してしまい、道真の高踏的な精神からは目を背けたくなるような現実もあった。そのほか、秩満が近づいた寛平元年（八八九）には、「官満つれども、未だ功を成さざること」という自省の詠も見られる（同二九六）。

なお、道真は四度使《よどのつかい》として京上する機会があったのか、仁和三年（八八七）末に一時帰京し、年末・年始を都で過ごしている。仁和四年正月十日には「菅家廊下」の学生たちと作詩を行ったことが知られ（同二四一）、久方ぶりの充実した詩宴は道真の都への想いや本来の自分の姿を再び呼び起こしたようであり、帰路の播磨国明石《あかし》駅での作には「讃州刺史、本詩人」の句がみえる（同二四三）。このとき、讃岐国の人々はもう道真が帰ってこないのではないかという懸念があったようであり（同二三四）、帰国後の道真は東北にあたる都の方を見てぼおっとするときがあって（同二四七）、「州民は我を一の狂生なりとこそ謂はめ」（同二四八）と、そうした態度が人々に見透かされていることに気づいていた。

しかし、上述のように仁和四年には大旱害があり、「懺悔《ざんげ》会の作、三百八言」（同二七九）では、年末の悔過《けか》（罪や過ちを悔い改める仏教行事）に際して、天皇の詔勅の旨をうけて仏名会《ぶつみようえ》を修している自分は「忠臣」であると述べている。讃岐国の民二八万人については、仏教的な因果応報論によりながら、部内の民衆生活に対する批判的な言辞がうかがわれる。そして、課税逃れをする者には地獄の恐怖をちらつかせながら、国務への協力も功徳になることを諭《さと》す体になっている。

任終年である寛平元年には、「吾が党三千」、つまり「菅家廊下」の多くの門弟と別れて、讃岐守として政務に勤しむなかで、自分が酷吏になって人が寄りつかないのではないかと自問する場面がみられる（同二九二「日の長きに苦しむ」）。また「白毛歎」（同三〇一）では、頭髪が少なくなり、日々容貌が変化することを歎きながら、四十五歳の自分を鼓舞する様子も知られる。

このように道真が讃岐守としてさまざまに自他を省察するなか、仁和四年には都で大きな騒動が起きており、道真も多少その解決に関わることになるので、節を改めて、その事件をみていきたい。

阿衡事件

宇多天皇の即位

仁和三年（八八七）八月二十六日巳二刻《みのにこく》（午前十時）に光孝天皇が五十八歳で崩御した。傍系皇族から即位した光孝天皇は、自己の皇統を残すつもりがなかったのか、伊勢斎宮《さいくう》と賀茂斎院《さいいん》に奉仕する皇女を除き、そのほかの子女をすべて源氏賜姓（臣籍降下）としている（『類聚三代格』巻十七、元慶八年〈八八四〉四月十三日勅）。しかし、南北朝時代の北畠親房《きたばたけちかふさ》『神皇正統記《じんのうしょうとうき》』に、

光孝より上つかたは一向上古《じょうこ》なり。よろづの例を勘《かんがうる》も仁和より下《しも》つかたをぞ申める。（中略）この御代より藤氏の摂籙《せつろく》の家も他流にうつらず、昭宣公《しょうせんこう》の苗裔《びょうえい》のみぞたゞしくつたへられにける。上は光孝の御子孫、天照太神《てんしょうだいじん》の正統とさだまり、下は昭宣公の子孫、天児屋の命《あまのこやねのみこと》の嫡流となり給《たま》へり。

と述べられているように、光孝天皇こそがその後の天皇家の嫡系として連綿とつながっていく起点になり、昭宣公＝藤原基経の子孫が摂関家を継承する歴史的起点となるのである。ともあれ、光孝天皇が危篤《きとく》になると、その所生子のなかから源朝臣定省《さだみ》が後継者に定められ、八月二十五日に親王に復帰、二十六日に立太子、同日に光孝天皇が崩御、定省親王が宇多天皇として即位する。宇多天皇の母は桓武天皇の子仲野親王の女班子《はんし》女王、宇多天皇は光孝天皇の第七子で、時に二十一歳であった。立太子・即位には光孝天皇の意思があったとはいえ、ほかの兄弟を差し置いて宇多天皇が選ばれた理由としては、母班子女王は健在であったが、宇多天皇は藤原基経の異母妹尚侍藤原淑子《しゆくし》（貞観十四年〈八七二〉に六十三歳で薨去《こうきよ》した右大臣藤原氏宗の室）の養子になっていたことが大きいと考えられている。そこには実母である班子女王の企図、愛息への期待の大きさがうかがわれる。基経は陽成天皇廃位の際と同様に、できるだけ公平に、しかし最終的にはやはり自分となんらかのつながりのある人物を天皇にしたのだと思われる。ただし、宇多天皇にはすでに橘広相《ひろみ》の女義子《ぎし》との間に所生子があり（斉中《ときなか》親王）、広相の存在は一抹の不安材料であったことには留意しておきたい。

関白と阿衡

さて、宇多天皇は成人していたが、父光孝天皇と同様に、自分の即位を支持してくれた基経に政務を委任しようとする。宇多天皇の言によれば、光孝天皇は左手で宇多天皇の手を、右手で基経の手をとり、基経に付託して「此の人必ず卿の子の如くに輔弼をなすのみ」と遺言したといい、宇多天皇も時に五十二歳の太政大臣基経を父と恃《たの》む心情であった（『宇多天皇御記《ぎょき》』仁和四年六月二日条）。そこで、仁和三年十一月二十一日に「摂政太政大臣に賜ふ、万機に関《あずか》り白《もう》さしむるの詔」（橘広相作）が出される。ここでは基経を「三代摂政」、すなわち良房死後の清和朝と陽成・光孝朝に政務を摂《と》ってきたとし、「摂政」が後代のような独立した職位として確立していないことがわかる。

そして、この詔では、

其の万機巨細《こさい》、百官己《すで》に統《す》べ、皆太政大臣に関り白して、然る後に、奏下すること、一に旧事の如し。

と記されており、「関白」の語が初めて登場する点が注目されるが、これも独立した職位ではなく、役柄、職務内容を示すものであった。要は光孝天皇即位のときと同様、宇多天皇も基経に政務を委ね、その権能を伝達したのである。

「三顧の礼」の慣例もあり、こうした場合は二度辞退して三度目に承引するのが美風であるから、基経側は閏十一月二十六日に辞表を呈する。これは「太政大臣、摂政を辞するの第一表」（紀長谷雄作）と称されており、「摂政」や「関白」の語が職位として認識されていなかったこと、つまりその定義が未確立であったことを示している。これに対して、閏十一月二十七日に出されたのが「太政大臣、関白を辞するに答ふるの勅」（橘広相作）で、宇多天皇側から二度目の要請がなされた。ここではじめて「関白」が「摂政」と同じ熟語として登場するが、その職務内容・定義はなお不安定であった。

漢文作成の技法として、同じ語句を用いずに同じ内容を伝えることが必要であるから、今回は、

宜しく阿衡《あこう》の任を以て卿の任と為すべし

と記され、上述の光孝天皇崩御時の様子、右手で基経の手をとり、左手で宇多天皇の頭を撫でて、宇多天皇を基経に付託したとする情景も書き込まれている。「阿衡」の「阿」は頼る、「衡」ははかりで、天下の民が公平を得るの意、殷《いん》の名相の伊尹《いいん》への称で、転じて宰相の意を示す語である。

事件の表出

阿衡事件の推移は表9の通りである。『宇多天皇御記』の仁和四年十一月三日条の日付を修正したり、仁和四年六月の宣命発布を十一月に改めたりする見解も呈されているが、そうした操作には無理があり、現存史料の年次で整合的に理解できると思われる。二度目の要請に対して、基経の辞表は呈されなかったようである。しかし、年を越して、仁和四年（八八八）四月末頃から「阿衡の任」とは何かをめぐる論争、阿衡の紛議、阿衡事件が大きく表出することになる。この間、宇多天皇は正月二十七

表9　阿衡事件の推移

仁和3(887)	
11・21	「賜摂政太政大臣関白万機詔」(橘広相作)
閏11・26	「太政大臣辞摂政第一表」(紀長谷雄作)
閏11・27	「答太政大臣辞関白勅」(橘広相作)…「宜以阿衡之任為卿之任」
※この間，宇多天皇は臣下から意見封事を徴収し，政治に意欲を示す(『日本紀略』)	
仁和4(888)	
4・28	明経博士善淵愛成・助教兼讃岐権掾中原月雄が「阿衡者三公之官也．坐而論道，是其任也」と勘申
5・15	藤原基経は上奏して，「自去年八月迄于今日，未奏太政官所申之政」とし，明経博士の勘申に「阿衡之任，可無典職」といい，「抑至于无分職，知暗合臣願，為少事臣之請．伏望，早仰執奏之官莫令擁滞万機」と申し入れる
5・23	少外記紀長谷雄・大内記三善清行・左少弁兼式部少輔藤原佐世らが「阿衡職可依経家之義」と勘申
※この間，広相は4月28日の勘申に反論していたようであり，「三公摂万機者，謂之阿衡」と，中国の史書では朝政を執る者を阿衡と称していることに依拠して詔勅に「阿衡」の語を用いたのであって，中国でも周の三公には典職はないが，それ以後の三公は統べざるところなしと述べている(「勘申阿衡事」)	
5・29	宇多天皇は左大臣源融を召し，諸博士らの勘文と広相の勘文を検討させたが，融は「彼此是非忽難理也」と述べる
5・30	紀長谷雄・三善清行・藤原佐世らが「検伊尹摂冢宰事」を勘申し，「是知伊尹制百官之時，以其暫摂冢宰也．非拠阿衡之職焉．今称阿衡，即是三公，更亦有何典職」とし，広相の指摘する伊尹の例は参考にならないと述べる
6・1	宇多天皇は融と橘広相・藤原佐世・中原月雄を簾前に召して討論させたが一決しなかった．宇多天皇は「是日暑熱，心中煩苦，仍不弁了．万機之事，无巨細皆擁滞，諸国諸司愁恨万端」と胸中を吐露している→融を基経邸に派遣し，「如前詔心且行万事」と伝えさせる
6・2	左大臣源融の返奏…基経は「未定阿衡之趣者，不能行政」と返答
6・5	橘広相が「五条愁文」を上奏し，反論．「而何以伊尹・阿衡為別，最臨不安也」と述べる

113 阿衡事件

6・7　宇多天皇は「然而朕之本意波，万政乎関白天，欲頼其輔導止之天奈毛前詔波下世流．而奉旨作勅答之人広相加引阿衡波，已乖朕本意多流奈利，（中略）太政大臣，自今以後，衆務乎輔行比百官乎統賜倍．応奏之事，応下之事，如先諮稟与，朕将垂拱而仰成」という宣命を下す（6月2日起草，6月7日〈『日本紀略』は6月6日条〉宣布／10月27日〔「不善之宣命」〕…→「宜勘申其罪」）※橘広相は出仕しなくなる（10月27日「月来蒙冤屈，隠居不仕」）

9・10　宇多天皇は「朕之博士是鴻儒也」「於是公卿以下，枉称有罪之人」と述べ，広相の罪名が云々されていることに不満を吐露する

9・17　宇多天皇は「朕博士之事，命送太政大臣」と述べる

10・6　基経の女温子が入内（『日本紀略』）→10月13日女御に

10・13　「召大判事惟宗直宗・明法博士凡直春宗等，令勘申参議左大弁橘朝臣広相作誤詔書所当之罪」（『日本紀略』）

10・15　桜井貞世・凡春宗・惟宗直宗が詐偽律詔書増減条による罪名勘申を起草→「仍従遠流．請減一等，徒三年．身帯正四位下，以正四位下一階，当徒二年．余一年，合贖銅廿斤．仍解見任職事」（『政事要略』巻30）

10・27　宇多天皇は基経に書状を送り本懐を伝える→基経は「基経従始无何意」「微臣疑先後之詔其趣一同，暫不覩官奏．敬慎之懐，更无他腸．而去六月有不善之宣命，可謂当時之一失」と上奏／宇多天皇は広相を召し，「早就本職，勤仕官事」と告げる

11・3　宇多天皇は「朕遂不得志，枉随大臣請．濁世之事如是．可為長大息也」と総括する

11　菅原道真，讃岐より上京し，藤原基経に「奉昭宣公書」を奉り，「則大府先出施仁之命，諸卿早停断罪之宣」と求める（『政事要略』巻30）

※10月15日の罪名勘申には「件勘文未進之前，有恩詔被免．仍不進之」とあるから，基経の意を知った宇多天皇が恩詔を下して広相を免じたものと思われる（11月3日以降か／道真の基経に対する働きかけも若干は功を奏したか）

（備考）出典を記したもの以外は，『政事要略』巻30所収『宇多天皇御記』による．

日に参議左大弁橘広相、二月二日蔵人頭《くろうどのとう》藤原高経、五日中務《なかつかさ》大輔十世王《とおよ》、七日弾正大《だんじょうのだい》弼《ひつ》平維範らの意見封事を聴取して治政の参考にしようとしており、政治に対する積極的な姿勢がうかがわれる。

上述のように、橘広相は宇多天皇と外戚関係にあり、時に五十二歳と、基経とほぼ同年齢で、宇多天皇即位後には従四位上から正四位上に昇叙していた。公卿になったのは光孝天皇即位後の元慶八年（八八四）十二月五日で、文章博士を兼務しており、『公卿補任』元慶八年条尻付には、貞観十五年（八七三）に父の峯範《みねのり》が病により若狭守の任を果たせなくなり帰京したとき、百姓の訴えを弁糺するために子の広相が派遣されたという逸話がみえ、実務能力にも長けていたようである。

阿衡事件は基経の家司でもある左少弁・式部少輔藤原佐世が「阿衡」は位名であり職名ではないと指摘し、基経は太政官の政務を執るのをやめたため、宇多天皇が即位した仁和三年八月以来の太政官からの上奏（官奏《かんそう》）が擁滞していることが問題化し、これに対処することが喫緊の課題として浮上したことで表面化する。阿衡に職なしとするのは、佐世だけの見解ではなく、四月二十八日の明経博士善淵愛成《ちかなり》・助教中原月雄、五月二十三日の佐世と大内記三善清行・少外記紀長谷雄らの勘申が一致するところであり、有力な学説であった。佐世は是善門下、長谷雄は道真が信頼する人物で、道真とは確執がある清行を含めて、彼らの学問は是善門下の文章博士橘広相の学識に引けを取るものではなかった。

したがってこの問題は、「関白」の定義が未確立のなか、基経側としては親政をも志向する宇多天皇の姿勢に鑑《かんが》みて、職務のない阿衡の地位に就けたのが天皇の真意であると、疑心暗鬼にならざるをえないところもあり、この際徹底的に究明するために、対決姿勢で臨んだという側面が大きかった。また阿衡の詔には「卿」という語が使用されているが、九世紀には特定の敬意を表すべき大臣には「公」が用いられていたので、ここには基経を通常の臣下と同じ水準に格下げしようとする宇多天皇・橘広相の底意を看取することができるという指摘もなされている。

阿衡の任とは

仁和四年五月十五日、基経は奏状を進上し、阿衡の任と関白が同意かどうか不明であること、左大臣源融《とおる》が明経博士らに勘申させたところ、「阿衡の任は典職（職掌）無かるべし」ということが阿衡の尊貴なところであり、分職がない、政務を執らなくてもよいというのは基経の希望にもかなっているので、早くほかの執奏の官に命じて官奏の擁滞を解消するべきであることなどを申し入れた。これは基経以外には官奏を処理する実力がないことを承知のうえで、宇多天皇に揺さぶりをかけ、真意を探る方途である。

四月二十八日の明経道の勘申では、阿衡は周代の三公の官であり、これは「坐して道を論じる」のが任であり、典職はないというものであった。これに対して広相は反論したようであり、中国の史書では朝政を執る者を阿衡と称していることに依拠して詔勅に「阿衡」の語を用いたのであって、中国でも周の三公は典職がないが、それ以後の唐の三公などは統べざるところなしであるというのが広相の論拠である。さらに五月二十三日には同じ紀伝道の佐世らがこの広相の見解を再検討し、やはり明経道の勘申と同じく、阿衡は周の三公と同様に典職なしと理解すべきであると述べている。そこで、宇多天皇は二十九日に左大臣源融を召し、明経博士や佐世らの勘文と広相の勘文を検討させたが、融は是非を決しがたいと判断を保留した。三十日には佐世らが再び勘文を出し、殷の伊尹が政務を掌ったときは冢宰《ちょうさい》（周の六卿《りっけい》の一つで、天子を補佐して百官を統率した）の職を有していたからであって、これは阿衡の職ではない、したがって阿衡単独では三公と同じで典職はないとし、広相が指摘する伊尹の例は参考にならないと批判を加えている。

以上を要するに、明経道の善淵愛成・中原月雄や紀伝道の藤原佐世・三善清行・紀長谷雄は阿衡は周の三公、阿衡単独では典職がなく、阿衡の任を命じられた基経も典職がないとするのに対して、広相は阿衡である伊尹が冢宰として政務を執っていること、周代より後の三公は典職があることを論拠に、「関白」の語を言い換えた「阿衡の任」には当然典職があることを想定して使用したのであると反論するのである。しかし、「阿衡」の語義にこだわると、学問的には佐世らの理解が正しいようで、道真もこの点は支持している（「奉昭宣公書」）。佐世らの勘申はたとえためにするものであっても、真摯《しんし》な学問的議論としては譲歩できないところであり、確信犯的であるとしても、広相と是非を争わざるをえなかったのである。

不善之宣命

仁和四年六月一日、宇多天皇は融と橘広相・藤原佐世・中原月雄を簾前《れんぜん》に召して討論させたが、対立点は平行線のままで、一決しなかった。宇多天皇は「是の日、暑熱、心中煩苦す。仍《よ》りて弁へらず。万機の事、巨細となく皆擁滞し、諸国・諸司愁へ恨むこと万端なり」と、暑熱で煩悶する胸中や政務処理が滞留し、中央・地方の官人が愁えている事態に対する苛立ちを吐露している。そして、融を基経邸に派遣し、「前詔の心の如く且《かつ》がつ万事を行へ」と、「阿衡の任」を伝えた二度目の詔によって政務を処理してほしいと伝えさせたが、二日早朝の融の返奏によると、基経は阿衡の趣旨が定まっていないので、政務を執ることはできないと返答したという。

五日には広相が「五条愁文」を上奏し、とくに伊尹と阿衡を区別して論じる点に強く反論している。しかし、二日の時点で宇多天皇は宣命を起草し、基経に三回目の要請を行おうとしたらしい。これは『政事要略』巻三十「阿衡事」には仁和四年六月二日宣命として引載され、『日本紀略』では六月六日条に掲載、後述の道真の「奉昭宣公書」には「六月

七日宣命」として言及されているので、六月二日に起草、六月七日に宣布されたと考えておきたい。この宣命で宇多天皇は、

朕の本意《ほい》は、万政を関《あずか》り白《もう》して、其の輔導に頼らむと欲してなも、前詔は下せり。而して旨を奉りて勅答を作りし人広相が阿衡を引くは、已《すで》に朕の本意に乖《そむき》たるなり。（中略）太政大臣、自今以後、衆務を輔け行ひ百官を統べ賜へ。奏すべきの事、下すべきの事、先の如く諮《はか》り稟《う》けよ。朕まさに垂拱して成るを仰がむ。

と述べており、天皇の真意は基経に政務を委任することであり、勅答（基経の辞表に対する第二回目の要請）で広相が「阿衡」の語を用いたのは本意と異なるとし、責任を広相に帰するものであった。宇多天皇は基経に全面的降伏を申し入れたのである。

そうなると、天皇の本意とは異なる詔勅を作成した広相の処罰が検討されねばならず、広相にとっては梯子《はしご》を外されたようなもので、冤屈《えんくつ》して隠居、出仕をやめるという状態になったようである。九月十日に宇多天皇は「朕の博士は鴻儒なり」「是において公卿以下、枉《ま》げて有罪の人と称す」と、広相の罪名が云々されていることに不満を吐露しているが、こうなったのは基経に政務を委ねるとする一方で、親政を模索するような態度をみせた宇多天皇の不用意な行動が原因であった。十七日に宇多天皇は広相のことを基経に依頼したが、成果はなかった。十月十三日には大判事惟宗直宗《なおむね》と明法博士凡直春宗に広相の罪名勘

申が命じられ、十五日には左衛門少志桜井貞世《さくらいのさだよ》も加わって、詐偽律詔書増減条による罪名勘文が起草されている。処罰は遠流、ただし、名例律《みょうれいりつ》の規定により、「請《せい》」（天皇の裁決を申請し、流罪以下の場合、刑を減じる）により一等を減じて徒《と》三年とし、広相は正四位下なので、正四位下の一階を徒二年に充当し、残りの一年は贖銅《しょくどう》二十斤となり、実刑は科せられないが、現任の職位は解任という措置が示された。

宇多天皇は広相の処罰を回避しようとして、二十七日に基経に書状を送り、本懐を伝える。このとき、基経は「去る六月、不善の宣命あるは、当時の一失と謂《い》ふべし」と揶揄《やゆ》しながらも、天皇の本意を理解すると返答したようで、天皇は広相を召して、「早く本職に就き、官の事を勤仕すべし」と伝えることができたという。したがって罪名勘文による処罰は実施されなかったと思われる。この間、十月六日には基経の女温子《おんし》が宇多天皇に入内し、十三日には女御《にょうご》になっていたので、基経としては広相に打撃を与え、宇多天皇を押さえ込みつつ、外戚関係を形成することができたため、「関白」として政務を執ることを了解し、事件の収束を図ったものと考えられる。

なお、『宇多天皇御記』では基経を「太政大臣」と記していることから、後代のように「関白」という呼称が一般的にはなっていないことがわかる。この段階では「関白」はあくまで行為の委任を示すものであり、職名ではなかったのである。

道真の「奉昭宣公書」

宇多天皇は十一月三日の日記で、

> 朕遂に志を得ず。枉げて大臣の請《こい》に随ふ。濁世の事は是の如し。長大息をなすべきなり。

と総括しているが、阿衡事件は天皇側の失策に起因するところが大きいと思われる。こうしたなかで、事件収束にどれくらい寄与したかどうか不詳の面もあるが、道真は基経に「奉昭宣公書」なる書状を捧呈しているので、そのことにふれておきたい。

　道真は讃岐守の任にあり、都を離れており、仁和四年は大旱害への対処で多忙であった。ただ、上述のように、都を思慕する心情は強く、『文草』巻四—二六三「諸の詩友を憶ふ、兼ねて前濃州田別駕（前美濃介島田忠臣）に寄せ奉る」では、岳父島田忠臣に宛てて、越前守巨勢文雄や上野（または下野）介安倍興行など文人仲間の動向を気にかける様子がうかがわれる。そして、そこでは「天下の詩人、京に在ること少《まれ》なり。況《まし》てむやみな阿衡を論ずるに疲れ倦《う》みにたらむや」と詠じ、「伝え聞く、朝廷在京の諸儒をして、阿衡典職の論を定めしむと」と註記がなされている。道真が阿衡事件に関心を抱いていたことがわかる一方で、文章得業生に及第した文室時英《ふんやのときひで》が道真を訪問したときには、自らを「南海の閑静人」（同二六四）と称しており、自分の置かれた立場に屈折した感情を示し、事件に関与する意思はみられない。

十一月三日の宇多天皇の総括をみると、この頃には阿衡事件は収束していたかのようであるが、道真は「奉昭宣公書」を捧呈している。「今月日偸《ひそか》に皇城に入る」とあり、その日時は明記されていないが、「去十月」の表現、明法博士らの罪名勘文の内容を知っていたこと、そして、『文草』巻四―二七二「冬に驚く」の十月には讃岐での作詩があり、ついで確実な日時としては同二七八「立春」が十二月二十六日の讃岐での作詩である点などを併考すると、道真が入京したのは十一月のことと目される。讃岐から都までは六日行程、往復二週間ほどの不在であった。罪名勘文が起草され、いよいよ広相が処罰されそうなところで、意を決して上京したのであろう。

この「奉昭宣公書」では広相の断罪を停止すべきことを進言しており、すでに十月二十七日には基経の事件収束の方向は決まっていたようであるから、これがどれくらいの効力を及ぼしたのかは不明であるが、十一月初にはまだ最終決着はついておらず、道真の見解もふまえて、十一月中には一応の大団円を迎えたとすれば、基経の最終判断を促すうえで意味のあるものであったといえよう。道真は①「阿衡」は修辞的なもので、これが問題とすれば、文章を作る者には今後支障になると述べ、自己の存立基盤とも関わる危惧を訴え、②広相は宇多天皇の養母尚侍藤原淑子の承認も得て、女義子を天皇に入内させ、寵愛されている、③藤原氏の功勲は大きいが、近代では少しものさびしいと指摘し、基経に穏便な解決を求めている。基経とも関係があった道真ならではの物言いであるが、道真は自分が正しいと思うことをそのまま文章にするようで、少々煙たがられる存在でもあったと思われる。なお、「奉昭宣公書」は道真の文集である『菅家文草』には入っておらず、これは公開されなかったと考えられるから、宇多天皇が阿衡事件での道真の働きを認識していたかどうかは不明とせねばならない。

政治への参加

寛平の治

蔵人頭に起用

阿衡《あこう》事件の余燼《よじん》が完全に収まった頃、寛平二年（八九〇）春に道真は讃岐守の任を終えて帰京する。時に四十六歳、三月三日に久方ぶりに曲《きょく》水宴《すいのえん》に参加したときには、「長く詩臣《ししん》の外臣《がいしん》たらむことを断たむ」と詠じ（『文草』巻四―三二四）、外国《げこく》赴任はもうこりごりという気持ちを示している。その後、少し病に臥《ふ》せることがあったようであるが（同三二五）、九月九日の宴（同三二八）など、秋にはさまざまな場での活動がうかがわれる。

なお、「予、州の秩已《すで》に満ち、符を被りて京に在り。分付《ぶんづけ》の間、朝士に接せず」（同三二七註記）とあるので、道真は讃岐国で前任者から後任者への事務引き継ぎである分付・受《ず》領《りょう》を完了しないままに帰京しており、帰京後から九月以前の段階で分付を果たしたようである。この点に関しては、道真が中央で希求された存在であったためとする見方も呈されているが、道真の次の讃岐守はしばらく不明で、前後には寛平元年正月十六日に従四位下藤原時平《ときひら》が権守《ごんのかみ》（蔵人頭《くろうどのとう》右近衛権中将）、寛平三年正月三十日に従五位上小野春風《おののはるかぜ》が権守（右近衛少将）、寛平四年五月二十三日に従五位下紀長谷雄《きのはせお》が介《すけ》（文章博士《もんじょうはかせ》）と、中央の権官・兼官者の遙任《ようにん》が続き、寛平六年正月十五日の正五位下安倍清行《あべのきよゆき》の守就任が赴任した国司になると考えられるので、都での分付作業になったものとみておきたい。

阿衡事件後の宇多天皇と藤原基経《もとつね》の関係は協調的であり、天皇は基経に賀茂臨時祭の創《そう》祀《し》を相談したり（『宇多天皇御記《ぎょき》』寛平元年十一月十九日条）、僧侶の人選について意見を尋ねたりしており（同九月十五日条）、また講筵《こうえん》（経文などを講義する場所）で参議の職掌を問うとか（同二年正月二十八日条）、御燈《ごとう》（毎年三月三日と九月三日に天皇が北辰〈北極星〉に燈火を奉る行事）による諸司廃務の際に終日宴飲をともにする（同三月三日条）といった場面も知られる。したがって宇多天皇が隠忍自重を余儀なくされていたというわけではなく、一応良好な関係が保たれていたとされる。ただし、宇多天皇は践祚《せんそ》の翌日に東宮に移御するものの、内裏清涼殿に入御《にゅうぎょ》するのは基経薨去《こうきょ》の一ヶ月後の寛平三年二月十九日のことであり（『日本紀略』）、ここからは両者の微妙な緊張関係が続いていたとする指摘も存する。なお、橘広相《たちばなのひろみ》は寛平二年五月十六日に参議左大弁近江守で薨去、時に五十四歳であり、中納言が贈官された。

基経の動向としては、寛平二年十月三十日には病により度者《どしや》（出家することを許された者）を賜与し、大赦《たいしや》を行ったことが知られ（『日本紀略』）、十一月には天皇が基経邸に行幸して見舞おうとしたが、これを拝辞しており（『文草』巻八―五七三）、十二月十四日には「関白」の辞職を願い出るが、天皇はこれを許さなかったといい（『公卿補任』寛平二年条尻付）、この年の冬には重篤状態になっていたとみられる。そして、寛平三年正月十三日、基経は堀河院第で薨去、時に五十六歳であった。長男の時平は二十一歳、すでに仁和三年（八八七）八月二十六日に宇多天皇の蔵人頭になっており（十七歳）、このときには従三位、三月十九日に参議として公卿の一員に加わっている。

この寛平三年二月二十九日に道真は蔵人頭に任命され（『文草』巻九―五九九）、三月九日に式部《しきぶ》少輔《しようゆう》、四月十一日には左中弁を兼帯している（『公卿補任』寛平五年条尻付）。時に四十七歳、道真はいよいよ中央の政局に関与していくことになる。上述のように、宇多天皇が「奉昭宣公書」など阿衡事件での道真の働きを認識していたかどうかは不明であるが、広相に代わる「鴻儒《こうじゆ》」、政務の要諦に通暁し、天皇に助言・諫言《かんげん》できるような文人の役割を期待しての起用であったと思われる。

なお、道真は四月二十五日にはなお蔵人頭を辞退する奏状を捧呈しているので（『文草』巻九—六〇〇）、最終的な就任承諾はもう少し遅れるようである。道真は讃岐守在任中の仁和三年に一時帰京したとき、都で忙しく勤務する知己の平季長《たいらのすえなが》の姿を羨望しており（同巻三—二四〇）、二六一「家の書を読みて、歎かるることあり」では、都から子どもが病気だという手紙が届いたものの、遠く離れた地方に居住する境遇でどうしようもないと歎くとともに、「客舎閑談す、王道の事、山近くして樵夫《しょうふ》の似《ごと》くあらむを羞《は》づべし」と述べ、中央の政治に関わりたいという志向を看取することができる。「奉昭宣公書」の捧呈もあえて火中の栗を拾うという至誠の心だけではなく、自己の資質をアピールするためのものであったのかもしれない。

道真と確執のある三善清行《みよしのきよゆき》撰なので、やや割り引いておく必要があるが、『藤原保則《やすのり》伝』には、人の賢愚を知る眼識があったという保則が、讃岐守の後任者である道真を、

新太守は当今の碩儒《せきじゅ》にして、吾の測り知るところに非ず。ただしその内の志を見れば、誠に危殆《きたい》の士なり。

と評したとある。「危殆の士」は危険な人物の意で、「後に皆その語のごとくありけり」という解説がつけられているので、多分に清行の後付け的叙述が含まれている可能性が高いと思われるが、道真の「正体」の一端を考えるうえで留意しておきたい。道真は自分は「詩人」「詩臣」であるという高い自己規定を有していたはずであるが（『文草』巻四—三二

四、『菅家後集』五〇二）、彼が嫌う「鴻儒」「通儒」としての役割に参入せざるをえなかったところに、後年の悲劇が胚胎《はいたい》しているのかもしれない。

改革の推進

宇多天皇は道真を登用して寛平の治を行い、これは醍醐天皇と藤原時平による延喜の治、村上天皇の天暦《てんりゃく》の治と並称されるもので、安和《あんな》の変（安和二年〈九六九〉）以後に常置となる摂政・関白、摂関政治の本格的展開以前の、天皇親政が機能していた時代として高く評価されている。また国家運営のしくみという点でも、従来の律令国家とは異なる王朝国家のはじまりを導いたものとする見解がある一方で、律令体制の基本は変わっていないので、後期律令国家というとらえ方で理解しようとする考え方、あるいは中世国家との連続性に着目して初期権門政治（体制）という位置づけなども示されている。その画期に関しては、九世紀末～十世紀前半を「寛平・延喜の改革」とし、制度的改変の試みがはじまる十世紀前半を強調する立場と、制度的な整備が進展する十世紀後半を重視する説が呈されている。

時代の流れを把握するための国史編纂は宇多朝以前の『日本三代実録』で終わっており、以降は年代記として六国史《りっこくし》ほどの精度をもつ編年体歴史書がないこと、とくに十世紀後半以前は貴族の日記もまだ本格化しておらず、古文書なども少ないという史料的制約が大きい。十世紀以降の国家体制に関わる制度的変革は、律令の公布のような明確な指標があるわけではなく、いつのまにかそうなっていた、気づいたら変わっていたという側面があり、画期を明示するのは難しいところがある。寛平の治の地方対策としてみえる王臣家人の問題は九世紀後半頃から顕在化し、寛平の治で示された方策は延喜の治、またその後もくり返し発令されており、大々的な対策がはじまる時期も重要であるが、在庁官人や国衙《こくが》機構の確立などの点では、十世紀後半〜十一世紀頃の画期も大きいと考えられ、私としては十世紀後半の達成を重視する立場を支持しておきたい。

ただ、宇多天皇は内裏の清涼殿の殿上間《てんじょうのま》に昇ることができる昇殿制を整備・拡充し、次侍従《じじじゅう》（侍従に准じる職）や殿上人などの近臣・近習を公的存在として組織化しようとしており、官僚機構のあり方のうえで当該期は画期をなすといえよう。寛平年間の官符にも官司の統合や官人給与関係のものが散見し（表10）、こうした側面での改革はたしかに推進されていた。では、より重要な国制面に関して、道真がどのように寛平の治に参画したのかとなると、これまでに呈されたいくつかの伝記的著作のなかでも明確に叙述されているものはない。道真が公卿になったときに民部卿を兼務しているので、道真が民政に深い見識・意欲をもっていたとして、国制変革との関係を説明しようとする試みもあるが、道真の右大臣昇任時に中納言源希《まれし》が民部卿を兼務した場合には、民部卿兼務が特筆されることはないので、公卿兼官の一般的な傾向から位置づけるべきであって、道真の特殊性の

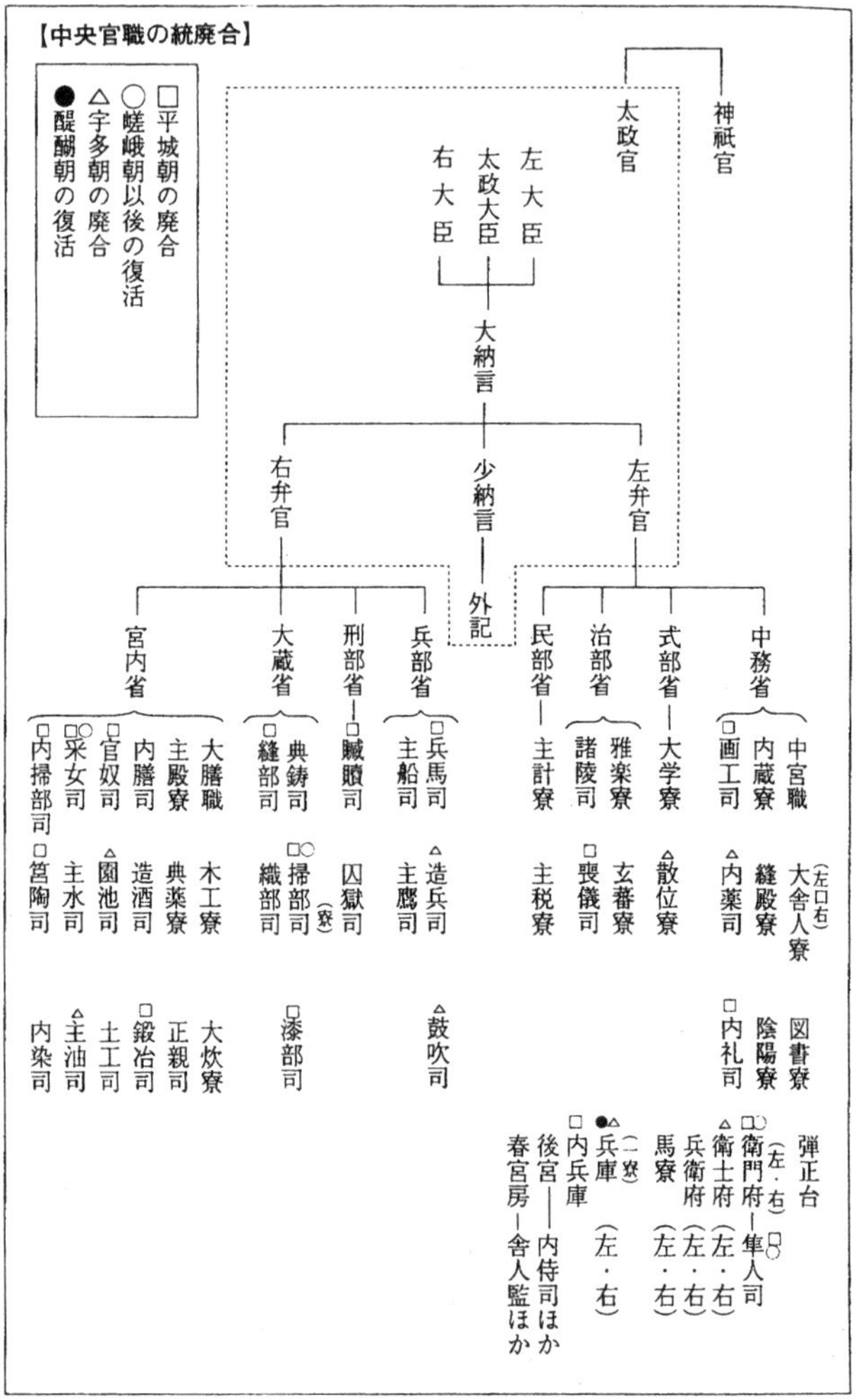

図11　中央官職の統廃合（坂上康俊『日本の歴史』05〈講談社，2001年〉199頁）

表10　宇多朝・醍醐朝の法令一覧

（宇多朝）

1		仁和 4・5・8詔	（信濃国山頽河溢）	
2		4・5・28詔	（災害賑恤）	
3	○	4・7・23	応行雑事二条事　一応不依前司以往雑事未弁済拘絆後任人事／一応進解由吏有任中調庸雑物未進者返却解由事	融
4	□	4・7・23	応以官田給内膳司番上料事	多
5	□	4・12・25	応給官田七十八町六段三百卅九歩事	融
6		寛平元・7・25	応以円成寺為定額修仁王三昧安居講経并三会聴衆事	融
7	○	元・10・21	応以銭鋳司返抄勘会税帳採銅料物数事	良
8	□	元・10・23	応以官田給主鈴典鑰等要劇料事	融
9	□	元・12・25	応載年終帳要劇并番上田事	良
10		2・5・11	応置海印寺夏講供講事	良
11	●	2・6・19	応立程限解任不受返抄貢調郡司事	融
12	○	2・9・15	応令後司弁済前司任終年調庸雑物未進事	融
13		2・11・23	応置仁和寺年分度者二人事	能
14		〃	応置円成寺年分度者二人并許維摩最勝輪転竪義事	能
15	☆	3・5・29	応禁止諸司諸家徴物使冤勘調綱郡司雑掌事	融
16	☆	3・6・17	応禁制諸院諸宮諸家使不経国司闌入部内事	良
17	○	3・7・2	応准京職進計帳手実日没不貢調物百姓戸田為国写田事	良
18		3・7・20	応停史生一員置陰陽師事	良
19		3・8・3	定修理職官位事	良
20	○	〃	一応令開用不動穀遺不加動用後年委塡事／一応令糙年中出挙雑用遺稲并前司分付古稲事	良
21	□	〃	応以官田給中宮職宮主并戸座等月料事	良
22	●	3・9・11	応禁断諸国綱領奸犯所領官物事	融
23	☆	〃	応禁制京戸子弟居住外国事	融
24	■	〃	応禁制外国百姓奸入京戸事	融
25	□	3・12・15	応定諸衛府員外舎人数事	融
26	☆	4・5・15	応禁止公私点領江河池沼等事	能
27		4・7・25	応令元慶寺度者受戒後六年住寺兼修法花阿弥陀等三昧事	融

28		寛平 5・3・2	応殊加検斎敬祀四箇祭事	時
29	○	5・3・16	応令牧監塡償欠失牧馬事	時
30	○	5・5・17	応定諸国調庸未進徴率分法事	能
31	■	5・7・19	応捜括逃人還向本郷事	能
32		5・10・29	応充行宗像神社修理料賤代徭丁事	能
33	●	5・11・21	応停止諸国擬任郡司遷拝他色事	良
34		5・12・29	応令停止分神封郷寄神宮寺事	時
35	☆	6・2・23	応准耕田数班田挙正税并有対捍輩即科其罪事	時
36	☆	6・6・1	応同率神戸課丁事	良
37	☆	6・7・16	応禁止諸院諸宮諸司諸家使等強雇往還船車人事	能
38	◇	6・8・9	応依旧差遣対馬島防人事	能
39	◇	6・8・21	応停史生一員置弩師事	能
40	◇	6・9・13	応停史生一員補弩師事	能
41	○	6・9・19	応諸国検非違使立秩限并停補无位人事	能
42	◇	〃	応出雲隠岐等国依旧置烽燧事	良
43	○	6・9・29	応科責不勘正税帳諸国司事	融
44		6・11・11	応祈年月次祭国司率禰宜祝等受取幣帛物事	時
45	●	〃	応解却郡司所帯左右近衛門部兵衛等事	時
46	☆	6・11・30	応禁断諸国百姓称王臣家人騒擾部内事	融
47	○	〃	応断未得解由人所犯本罪事	融
48		7・2・1	応大学典薬諸生苦住学舎并鴻儒名医子孫依薦挙任諸国博士医師事	能
49	◇	7・3・13	応加置博多警固所夷五十事	能
50	☆	7・3・23	応禁断王臣家出挙私物事	時
51		7・6・26	応禁制大和国丹生川上雨師神社界地事	能
52		7・7・11	応依階業次第簡定諸国講読師事	時
53	○	〃	応内外官交替限内置付領并所執写署程事	時
54	○	〃	応諸国交替所在見物先塡正税後取雑稲事	時
55	◇	7・7・20	応停史生一員置弩師事	能
56	□	7・7・26	応弁置兵庫器仗事	時
57	☆●	7・9・27	応禁断郡司百姓私物仮称宮家物并科責不受正税不輸田租之輩事	能
58		7・10・28	応四月十五日以前行授戒事	能
59	◇	7・11・2	応停史生一員補弩師事	能
60		7・11・7	応停止遥授陸奥出羽按察使大宰帥等傔従事	時

61	☆	寛平 7・11・7	応禁断五位以上前司留住本任国幷輙出畿外事	時
62	☆	7・12・3	応禁止五位以上及孫王輙出畿内事	能
63	◇	7・12・9	応停史生一員置弩師事	能
64	○●	8・①・1	応令先進門文検納調庸幷例進雑物事	道
65	■	8・①・17	応令左右看督近衛等毎旬巡検施薬院幷東西悲田病者孤子多少有無安否等事	良
66		8・3・2	応置浄福寺年分度者二人事	時
67	○	8・3・4	応便割周防国田租穀充鋳銭雑物直事	能
68	☆	8・4・2	応改判給占荒田幷閑地之例事	能
69	☆	〃	応停止諸寺称採材山四至切勘居住百姓事	能
70	☆	〃	応禁止五位以上私営田事	能
71	☆	〃	応禁断諸院諸宮王臣家相代百姓争訟田宅資財事	能
72	☆	8・4・13	応許耕作鴨河堤東西陸田事	道
73	○	8・6・28	応勘却不受調庸惣返抄国司解由事	能
74	○	8・9・5	応依旧遷替吏随塡交替欠差分放解由事	融
75	□	〃	応給田諸司要劇下符勘解由使事	道
76	□	8・9・7	応併置諸司幷省官員事	
77	□	〃	収廃司要劇番上料幷公廨田事	道
78	□	8・10・5	侍医女医博士薬生隷典薬寮事	道
79	□	〃	大角長上少角長上鉦鼓長上幷使部隷兵庫寮事	道
80	□	8・11・13	応准要劇下符勘解由使給田諸司番上粮事	道
81	○	8・11・20	応四度公文使違期不上道者不待所司勘申解却見任事	道
82	□	9・1・25	応改貢定額采女卌七人事	時
83	□	9・2・17	応以官田充諸司要劇幷番上料事	道
84	■	9・4・10	応科決被差賀茂祭騎兵致拒捍浪人事	時
85	○	9・4・19	応立拘放諸国任用吏解由例事	良
86	○	9・5・13	応開見不動倉事	道
87	○	9・6・19	応先勘当任公文次勘前司時帳幷科責不動四度公文府司及管内国島司事	時
88		9・6・23	応試度金勝寺年分度者二人事	道

（醍醐朝）

1		寛平 9・9・11	応以伊勢国飯野郡寄大神宮事	時
2		9・9・15	応令摂津国司検校大輪田船瀬事	時

3	■	寛平 9・12・22	応置伊勢大神宮神郡検非違使事	道
4	○	昌泰元・ 2・27	応前司任終年雑米摠返抄令後司弁請事	時
5	□	元・ 6・16	応令本府検納分行衛士功銭養物事	道
6		元・ 7・16	応省名東郡主帳一員置名西郡事	時
7	□	元・ 8・ 2	応以官田給中宮職官人要劇幷番上料事	時
8	□	元・10・ 5	応復旧兵庫寮官員為兵部省管隷事	時
9	□	元・⑩・26	応以官田給修理職官人幷長上要劇料事	時
10	☆	元・11・11	応禁制河内摂津両国諸牧々子等妨往還船事	道
11		元・12・ 9	応勤修吉祥悔過事	時
12	◇	2・ 4・ 5	応停史生一員置弩師事	時
13	□	2・ 5・28	応減定鋳銭司工夫等事	時
14	■	2・ 6・ 4	応令結保帳督察奸猾事	時
15	☆	2・ 9・19	応相模国足柄坂上野国碓氷坂置関勘過事	時
16		2・10・ 3	応以浄福寺僧請三会聴衆幷二会輪転立義各一人事	時
17		3・ 3・ 3	応加請最勝会聴衆十人事	時
18	□	3・ 4・ 9	加置斎宮寮権史生一員事	道
19	■	3・ 4・25	応重禁断諸国司諸家所々人等饗宴群飲及諸祭使等饗事	時
20	☆	3・ 8・ 5	応以過所度足柄碓氷等関事	時
21		延喜元・ 2・14	応禁私修壇法事	時
22		元・ 4・ 5	応聴耕作崇親院所領地五町事	時
23	☆	元・⑥・25	応科罪居住所部六衛府舎人等対捍国司不進官物事	時
24	☆	元・12・21	応捕身言上幷科罪称火長入交国内及往還間冤凌百姓事	時
25	☆	2・ 3・12	応停止臨時御厨幷諸院諸宮王臣家厨事	時
26	○	2・ 3・13	応聴交替一度延期事	時
27	○	〃	応調庸精好事	時
28	○	〃	応勤行班田事	時
29	○	〃	応禁止田租徴潁事	時
30	☆	〃	応禁制諸院諸宮及王臣家占固山川藪澤事	時
31	☆	〃	応禁断諸院諸宮王臣家仮民私宅号庄家貯積稲穀等物事	時
32	☆	〃	応停止勅旨開田幷諸院諸宮及五位移住買取百姓田舎宅占請閑地荒田事	時

33	☆●	延喜 2・ 4・11	応差使雑役不従本職諸司史生已下諸衛舎人幷諸院諸宮王臣家色々人及散位々子留省等事	時
34		2・ 7・ 5	応置守韓橋丁二人事	時
35	□	3・ 2・ 8	応置兵庫寮弩師一人事	光
36		3・ 3・ 5	応浄福寺僧請用最勝会立義者一人事	光
37		3・ 6・20	応置十箇国読師事	光
38	☆	3・ 8・ 1	応禁遏諸使越関私買唐物事	時
39	●	4・ 7・11	応移諸国貢調国郡司違期事	時
40	☆	5・ 8・25	応停止諸院諸宮諸家不経国司召勘郡司雑色人等事	時
41	☆	5・11・ 3	応禁止諸院宮家狩使事	時
42	☆	〃	応禁制諸院諸宮諸司諸寺諸王臣家依土浪人道俗等私遣使者弁定訴訟事	時
43	○	5・12・25	応正税挙塡式数事	時
44	○	5・12・29	応四度公文合期進上事	時
45	■	6・ 7・28	応特加禁止相撲人等濫悪事	時
46		6・ 9・19	応師資相伝令領知寺中雑務事	時
47		7・ 5・ 2	応円成浄福両寺聴衆立義内輪転遞請仁和寺僧事	時

(備考)『類聚三代格』所載の法令を掲げた．記号：○＝国司制度，●＝郡司のあり方，☆＝王臣家・王臣家人対策，□＝中央官人の給与・官司の再編，◇＝新羅海賊対策，■＝治安維持関係，無印はその他．年次の丸の数字は閏月を示す．奉宣者：融＝源融，多＝源多，良＝藤原良世，能＝源能有，時＝藤原時平，道＝菅原道真，光＝源光．

みから類推するのは難しいであろう。

同様に、蔵人頭もあくまでも天皇と摂政・関白や太政官をつなぐ役割を果たすものであり、天皇に政策を進言することが本義ではない。一条天皇（在位九八六〜一〇一一年）に対して中宮《ちゅうぐう》・皇后の二后並立を説得したり、中関白家《なかのかんぱくけ》の定子《ていし》所生の敦康《あつやす》親王の立太子を断念させたりして、藤原道長の御堂《みどう》流が摂関家本流として確立するのに尽力した蔵人頭藤原行成《ゆきなり》のような働きもあるが、行成も通常は天皇と左大臣で内覧《ないらん》の道長やそのほかの人々との調整に奔走する日々であった。したがって寛平の治の諸政策に対して、先見的に道真の主導的関与を云々することはできない。そこで、改革の内容や道真を含む太政官の面々のあり方などを整理してみたい。

受領による地方支配

基経死後の公卿の顔ぶれとしては、左大臣源融《とおる》（寛平七年八月二十五日に七十四歳で薨去）、右大臣藤原良世《よしよ》（寛平八年七月十六日に七十四歳で左大臣、十二月二十五日〈あるいは昌泰元年〈八九八〉十二月十三日〉致仕《ちし》、昌泰三年正月十八日に七十八歳で薨去）、大納言源能有《よしあり》（寛平八年七月十六日に右大臣、同九年六月八日に五十三歳で薨去）が中心であった。両大臣はすでに高齢で、寛平四年には大納言ながら、文徳《もんとく》源氏で基経の女婿《むすめむこ》である能有（時に四十八歳）が異例の官奏への奉仕を命じられており（『公卿補任』寛平四年条尻付）、官符の奉宣者をみても、能有の働きが大きい（表10。すでに中納言時代の寛平二年から奉宣者としてみえる）。奉宣者だから、その政策の推進者というわけではないが、やはり太政官の政務の中心にいる人物を考えるうえでは奉宣者の状況にも留意しておくことが必要であろう。表10によると、時平も寛平五年に二十三歳で中納言になってからは奉宣者として登場しており、同年にようやく参議になった道真は、寛平七年十月二十六日に中納言になった後、寛平八年から奉宣者として散見することがわかる。中納言には源光《ひかる》・藤原諸葛《もろくず》、権中納言には藤原国経《くにつね》などもいたが、奉宣者としてみえるのは上記の人々だけであり、高齢の左右大臣は別格として、天皇の政務運営上の信頼が奈辺《なへん》にあったかを反映していると思われる。

さて、寛平の治の内容であるが、地方統治では受領制の成立が重要である。奈良時代の国司は守《かみ》・介《すけ》・掾《じょう》・目《さかん》の四等官による連帯責任を基本としており、在地首長たる郡司の伝統的統治の上に立って国郡制による地方支配を行っていた。しかし、郡司の歴史的支配力の低下や、政策的にもより中央集権的な地方支配の浸透を企図したため、奈良時代後半には国司の地方行政上の任務が増加していき、案件別の職務分担である専当制を導入、専当国司の責務明確化や国司それぞれの役割分化も進められる。そして、平安時代に入って、九世紀の良吏《りょうり》の時代などを経て、国司官長に対する国務の責任と権限の集中により、国郡制支配の強化・維持が図られ、守（または介）とそれ以外の国司には較差《かくさ》が生じ、国務全体の責任を負う受領とそれ以外の任用国司の区分、受領による国務運営の体制が成立していく。「受領」の語は前任者（前司）から後任者（後司）に国務が引き渡され（分付）、後任者は国務運営の責務を引き継ぐ（受領）という国司交替のあり方から発生したものである。

奈良時代末までの地方支配を支えた構造が動揺すると、八世紀中葉頃から中央進上物である調庸《ちょうよう》の麁悪《そあく》・違期《いご》・未進《みしん》が顕在化し、租税の未納が問題になった。これは中央財政の悪化にもつながる。表10の宇多朝の法令のなかにも、43・87には四度公文《よどのくもん》（用度帳、調帳、税帳、大帳、朝集帳）が九世紀中葉の清和朝頃から留滞される状況が記されており、寛平の治では地方統治を支える国司の制度的改変が課題の一つとなった。受領制の成立、国司を中心とする中央集権的地方支配推進のうえでは、3・30の調庸未進徴率分《りつぶん》法の制定、そして12の任終年制と73の調庸惣返抄《そうへんしょう》の成立が重要である。

調庸未進率分法は良吏として名高い藤原保則の提案に基づくもので、まず3において、①調庸未進をめぐる前司と後司の責任確定方法として、膨大に脹れ上がった前司以往未進（任中に完済することは不可能）の弁済義務から後司を切り離すことにより、当任以後の完済を期し、②租税に准じた未進率法を定めて、これを年輪分（一年に納入すべき分）に組み込むこととし、③任中未進に対してのみ解由《げゆ》を返却するという方途を示した。②に関しては、30で未進徴率分法が定められ、当初は累積未進の十分の一であったが、天暦六年（九五二）に正蔵率分《しょうぞうりつぶん》として年輪分の十分の一となっており（『別聚符宣抄《べつじゅうふせんしょう》』天暦六年九月十一日官符）、従来の未進を一度切り捨てたうえで、新たな中央進上分として年輪＋率分、計十分の十一（後に十分の十二）が国司の徴税責任額となる。これにより「国よりの収奪」から「国司よりの収奪」という形で徴税責務の担い手が変遷するのである。

そして、任終年制と調庸惣返抄がこの方式を方向づける。任終年制も藤原保則の提起によるもので、四年任期を基本とする国司の四年目、任終年の業務は、これを完遂しようとすると、どうしても後司の初任年の業務と重なりが生じて混乱するので、任終年の徴税責務は後司に委ねることにするものである。これにより受領の責務は前司任終年＋当任三年の四年分になり、交替の円滑化が期待される。国から国司へと移行した賦《ふ》課《か》対象は、さらに国司の任期からも遊離して、数量としての四年分の中央進上物（済物）の貢進《こうしん》が受領の責務となる。85は調庸貢進に関する受領と任用の別を総括するものであり、受領国司と任用国司の責任の区別も明確化される。

藤原保則は南家の出身、寛平四年四月二十八日に六十八歳で参議になり、左大弁を兼務、道真よりも先に公卿になっている。同七年四月二十一日に七十一歳で卒去しているので、73の調庸惣返抄の成立は彼の死後であるが、これも以上の流れから帰結したものである。惣返抄は調庸・例進雑物《ぞうもつ》・納官料物・封家《ふうけ》調庸の四種を完納した場合に発給され、任終年制に基づく前司任終年＋当任三年の四年分が「任中《にんちゅう》」とされ、受領はこの惣返抄の得不により解由の拘放《こうほう》が決まることになり（『別聚符宣抄』延喜九年〈九〇九〉十一月二十六日官符、『類聚符宣抄』延喜十五年十二月八日宣旨〈受領功過〉、『朝野群載《ちょうやぐんさい》』巻二十八、永久二年〈一一一四〉十一月主計解由続文なども参照）、受領の成績判定、受領功過定《こうかさだめ》の基盤につながっていく。

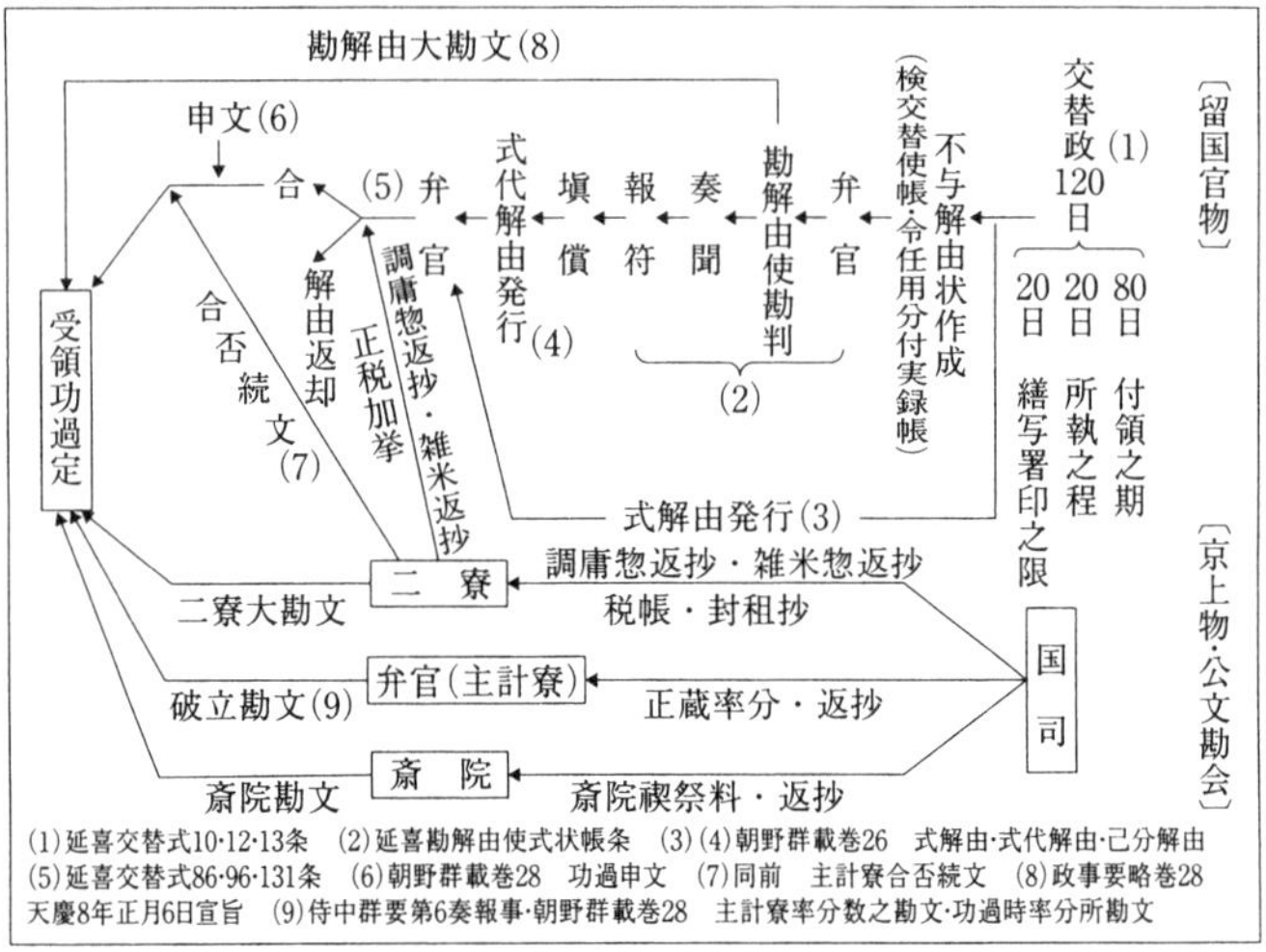

図12　受領の交替から功過までの過程（佐々木恵介『受領と地方社会』〈山川出版社，2004年〉48頁）

王臣家人対策

中央進上物のうち、封家物は後院《ごいん》（退位後の天皇の生活・経済基盤）、親王の宮、王族や大臣クラスの人々、院宮王臣家《いんぐうおうしんけ》に納入され、こうした国政の中枢にある王臣家の経済基盤であった。封物《ふうもつ》の未進に対して王臣家では上京してくる綱領《こうりょう》郡司（運送の責任者）や雑掌《ざつしょう》（諸国の官人）に直接取り立てたり（15）、使者を現地に派遣して徴収したりしている（16・37）。またみずからあるいは現地の有力者と結託して土地経営などを展開する事例も知られ（23・26・35・46・50・57・61・62・68～71）、こうした王臣家使や王臣家人《おうしんけにん》の活動は国司の国務の阻害要因となる。

徴税の責務を問われた郡司は、郡司の職務を放棄したり、郡司への就任を忌避したりし、王臣家と関係を結んで王臣家人化する者も出現しており（11・22・33・45・57）、これも地方統治の混乱を招いていた。

関係法令はこれらを取り締まるものということになるが、35によると、この頃には正税出挙《ぜいすいこ》（稲を貸しつけて利息とともに返還させた制度）が耕田数に準拠して賦課される方式になっていたことがわかり（出挙の地税化）、律令租税の個別人身支配の建前が変容し、「人から土地へ」という変化が進んでいる様子が看取できる。ちなみに、この官符の奉宣者は藤原時平であり、時平は王臣家関係の法令に散見する。醍醐朝の延喜の治でも同様の法令が出され、時平が継続して尽力していることがうかがわれる。讃岐国の現地に赴き、地方支配に見識を有していたとされる道真は、意外なことにこの寛平の治の中核的方策にはほとんど奉宣者としての関与はみられない。

道真は寛平五年二月十六日に参議、同七年十月二十六日に中納言になっているが、奉宣例としては、64の調庸進上の際の門文《かどぶみ》（送るべき物の数と種類を記した文書）提出があり、これはくしくも讃岐国の言上をふまえたもので、民部省の行事とも関係している。ただ、これは文書行政の整備による取り締まり強化で、81も過去の法令の不備を訂正するものであり、革新的な方策とはいえない。そのほか、道真が奉宣者になっているのは要劇料《ようげきりょう》

（官人の給料）や公廨田《くがいでん》（大宰府官人と国司の官人に与えられた職田）、官司の再編に関わるものが多く、道真の関心、あるいは民部卿としての担当分野が奈辺にあったかを示唆していると思われる。

68〜71の一連の方策は、道真の知友で、問《もん》山城国民苦使《みんくし》であった平季長の奏状によるものである。むしろ季長の方がこうした問題に最前線で取り組んでいるといえよう。また奏宣者である源能有は「五畿内諸国別当」の地位にあり（『公卿補任』寛平七年条尻付）、季長とともに畿内の王臣家の活動に目を光らせていたとみることができる。68〜70では王臣家が百姓《ひゃくせい》の零細な開墾や土地利用を圧迫し、広範囲の囲い込みを行って、利権を独占しようとすることが指弾されており、71では王臣家が百姓に代わって田宅・資財の争訟を行うこと、つまりそれを通じて王臣家人の編成、独自の支配を拡大することが禁止されている。こうした活動は以後も拡張し、大局的には古代から中世への変容の端緒となるものである。

広がる混乱

王臣家・王臣家人の活動は畿外でも盛んであり、国司の秩満《ちつまん》解任者とその子弟ともども、土着を企図する動向が広く展開している（『日本三代実録』元慶《がんぎょう》八年〈八八四〉八月四日条）。とくに坂東《ばんとう》では群盗蜂起による治安悪化が問題になり、国郡に検非違使《けびいし》を設置するなどの対策がとられていたが（貞観三年〈八六一〉十一月十六日、同九年十二月四日、同十一年三月二十二日条）、寛平元年（八八九）には東国強盗首物部氏《もののべのうじ》永《なが》が発起し、追捕《ついぶ》は昌泰まで及んだというから（『扶桑略記《ふそうりやっき》』寛平元年四月二十七日条）、寛平の治だけでは対処できなかった。醍醐朝の法令の15・20はこの群盗対策の一環のもので、王臣家対策や郡司のあり方の面でもさらに制度的対応が構築されている。

一方では、『平家勘文録』には、

先平家とは桓武天皇第五の皇子一品式部卿かづらはら親王の御孫、高見《たかみ》王の太子、高《たか》望《もち》王の時、寛仁〔平カ〕元年十二月十三日に、民部卿宗章《むねあき》の朝臣《あそん》帝皇をかたぶけんとせし時、祖王に宣旨《せんじ》をかうぶりて、宗章を追罰せし故に、天下安穏にして洛中太平也。人民安にして国土豊饒也。故に帝王御感有て、同二年の五月十二日上総守になり、朝敵をたいらぐる故に平の姓を給る。

とあり、武門の平氏の祖となる高望王の坂東到来も同時並行していたことに留意したい。民部卿宗章の件は不詳であるが、高望王は群盗を鎮圧することができる武勇の国司として下向し、その後坂東に土着、子孫は各地の坂東平氏諸流として展開し、平将門《まさかど》の乱として知られる天慶《てんぎょう》の乱などの兵乱も勃発するのである。

また宇多天皇の後院牧である秩父牧には、牧司として高向利春《たかむこのとしはる》という者が任じられ、武力の源となる馬の飼育を掌《つかさど》っている。利春は武蔵権少掾→介→守となっており、これは宇多天皇の支援によるもので、秩父牧の経営安定のために王臣家人の国務への進出が図られているのである。ちなみに、武蔵守となった利春に対して、嵯峨天皇の曽孫・左大臣源融の孫にあたる源仕《つかう》は国府襲撃事件を惹起《じやっき》しており（『扶桑略記』延喜十九年〈九一九〉五月二十三日条）、王臣家人同士の紛擾《ふんじょう》も大きな混乱の原因となった。その文脈では寛平の治、あるいは寛平・延喜の改革も変転する状況への絶えざる対処・変革の試みの一つであり、その有効性・画期性はなお検証が求められるものといえよう。

道真の役割

以上、寛平の治の方策の一端を検討し、道真をはじめとする人々の参画のあり方を考えてみた。宇多天皇や道真がというよりも、すでに指摘されているように、九世紀全体の課題として顕在化する問題に対して当時の公卿・官人全般が取り組んだものであったとみるのがよいと思われる。道真が積極的に提案を行ったり、制度設計に長けていたりという様相は看取できないのである。したがって道真のみが突出した役割を果たしたという証左は見出しがたく、ほかの公卿に追随しつつ、応分の職責を務めていたということになる。

宇多天皇に関しても、みずから王臣家人を坂東に送り込むようなことをしており、必ずしも改革一辺倒ではなかった。『続古事談』巻一―一九には、

或時、ことに殺生禁断をこな（お）はれたりける次の年、君みづから、たかがりをし給ひければ、丞相《しょうじょう》申給けり、「今年は鳥獣なにのあやまちあればか、たちまちにこれをか

り給ぞ」と申されければ、御門《みかど》、ことはり（わ）につまりて、かりをやめさせ給にけり。

とあり、宇多天皇が殺生禁断を命じた次の年に、みずからは鷹狩りを行ったので、これを道真が諫めたという話がみえる。殺生禁断は寛平四年五月十六日の発令と目され（『文草』巻十二―六六三「勅を奉《うけたまわ》りて鹿・鳥を放却する願文」）、その翌年には宇多天皇は二十七歳、まだ血気盛んで狩猟を好んだようであり、禁令とは別にみずからの楽しみを求めたのに対して、道真が諫言《かんげん》したのである。時に四十九歳の道真は参議になったばかりであるが、こうした理性をもって天皇に奉仕することが期待されていたのであろう。そうした側面を寛平度遣唐使計画などにも探ってみたい。

寛平度遣唐使計画

計画の推移

宇多朝の出来事として、寛平六年（八九四）の遣唐使任命も著名である。これは結局派遣されないままに終幕を迎えたので、寛平度遣唐使計画と称することにしたいが、かつては遣唐大使に任じられた菅原道真が遣唐使を廃止ないしは中止し、これにより唐文化の移入が終了して、国風文化の時代を迎えると説明されていた。しかし、近年は遣唐使が廃止・中止された事実はなく、その後も唐・宋商人が来航し、十世紀以降の文化も漢文学や中国産品（唐物《からもの》）を尊重しつつ、独自の「国風」文化を築きあげたとする理解が有力になっている。

そこで、まず寛平度遣唐使計画の推移を整理し（出典を注記したもの以外は『日本紀略』）、近年の新しい見解のゆえんを説明してみたい。年次は寛平六年である。

五月…「唐客含詔入朝」（『扶桑略記』）
七月二十二日…太政官が在唐の僧中瓘《ちゅうかん》への報書を作成
※A『菅家《かんけ》文草』巻十―六三三「奉　勅為太政官報在唐僧中瓘牒」
八月二十一日…大使菅原道真、副使紀長谷雄らを任命
大使―参議左大弁兼勘解由《かげゆ》長官従四位下菅原朝臣道真（五十歳）
…式部権大輔《たいふ》・春宮亮《とうぐうのすけ》
副使―右少弁従五位上紀朝臣長谷雄（五十歳）…式部少輔
判官―藤原朝臣忠房《ただふさ》（『古今和歌集』巻十八―九九三番歌）
録事―従八位下左大史阿刀連《あとのむらじ》春正《はるまさ》（『東南院文書』一―七二号、昌泰元年〈八九八〉十月五日太政官牒）
九月十四日…大使菅原道真の建議
※B『菅家文草』巻九―六〇一「請令諸公卿議定遣唐使進止状」
九月三十日…「其日、停遣唐使」（其の日、遣唐使を停む）

これらのうち、五月の「唐客」については、『扶桑略記』では渤海使《ぼっかいし》を「唐客」「唐使」と記す例があることから（寛平七年五月十五日、延喜八年〈九〇八〉五月十二日、同二十年五月八日条）、これを渤海使関係記事の誤入とみる説もあるが、この年に渤海使の来日は確

表11　遣唐使の一覧

23　1　5　6　4　33　15

私案	次数	出発年	使人	航路	船数	入京（長安・洛陽）年月	帰国	航路	備考
1	1	舒明天皇二年（六三〇）	犬上御田鍬 薬師恵日	北路			舒明天皇四年八月	北路	
2	2	白雉四年（六五三）	吉士長丹（大使） 吉士駒（副使）	北路？	一		白雉五年七月	北路	
		同年七月	高田根麻呂（大使） 掃守小麻呂（副使）		一				往途、薩摩竹島付近で遭難
3	3	白雉五年	高向玄理（押使） 河辺麻呂（大使） 薬師恵日（副使）	北路	二		斉明天皇元年	北路？	高向玄理、唐で没
4	4	斉明天皇五年（六五九）八月	坂合部石布（大使） 津守吉祥（副使） 伊吉博徳	北路	二	顕慶四年（六五九）閏一〇月◎	斉明天皇六年五月（第二船）	北路	第一船は往途南海の島に漂着、大使ら殺される
5	5	天智天皇四年（六六五）	守大石・坂合部石積・吉士岐弥・吉士針間（送唐客使）	北路			天智天皇六年十一月	北路	唐使劉徳高を送る。唐使法聡来日。天智天皇二年（六六三）白村江戦
	6	天智天皇六年	伊吉博徳（送唐客使） 笠諸石（送唐客使）	北路			天智天皇七年	北路	唐使法聡を百済に送る。唐には行かずか
6	7	天智天皇八年	河内鯨	北路			（不明）	北路？	
7	8	大宝二年（七〇二）六月	粟田真人（執節使） 高橋笠間（大使） 坂合部大分（副使） 巨勢邑治（大位） 山上憶良（少録）	南路	四	長安二年（七〇二）一〇月◎	大宝元年七月（粟田真人） 大宝四年三月（巨勢邑治） 養老二年十月（坂合部大分）	南路	〔この間、天武天皇五年（六七六）新羅、朝鮮半島統一〕 道慈・弁正留学

16（8–9）　19（9–11）　7（11–12）　18（12–14）

8	9	養老元年（七一七）	多治比県守（押使） 大伴山守（大使） 藤原馬養（副使）	南路？	四	開元五年（七一七）一〇月◎	養老二年十月	南路？	玄昉・阿倍仲麻呂・吉備真備・井真成ら留学。道慈帰国
9	10	天平五年（七三三）	多治比広成（大使） 中臣名代（副使）	南路？	四	開元二十二年正月か◎	天平六年十一月（第一船） 天平八年五月（第二船） 天平十一年（第三船）	南路	玄昉・真備ら帰国、菩提僊那来日。第四船、難破
10	11	天平十八年任命	石上乙麻呂（大使）						停止
11	12	天平勝宝四年（七五二）	藤原清河（大使） 大伴古麻呂（副使） 吉備真備（副使）	南路	四	天宝十一年（七五二）十二月以前◎	天平勝宝五年十二月（第三船） 天平勝宝六年（第二船） 天平勝宝六年四月（第四船）	南路	鑑真ら来日。帰途、第一船安南に漂着、大使藤原清河・阿倍仲麻呂、唐に戻り、帰国せず
12	13	天平宝字三年（七五九）	高元度（迎入唐大使使） 内蔵全成（判官）	渤海路	一		天平宝字五年八月	南路	清河を迎える使の判官内蔵全成、渤海路より帰国
13	14	天平宝字五年任命	仲石伴（大使） 石上宅嗣（副使） 藤原田麻呂（副使）		四				船破損のため停止
	15	天平宝字六年再編任命	中臣鷹主（送唐客使） 高麗広山（副使）		二				七月、風波便なく渡海できず停止
14	16	宝亀八年（七七七）六月	佐伯今毛人（大使） 大伴益立（副使） 藤原鷹取（副使） 小野石根（副使） 大神末足（副使）	南路	四	大暦十三年（七七八）正月◎	宝亀九年十月（第三船） 宝亀九年十一月（第四船） 宝亀九年十一月（第二船） 宝亀九年十一月（第一船舳） 宝亀九年十一月（第一船艫）	南路	大使、病と称して行かず。伊与部家守帰国。藤原清河の娘、喜娘来日

24　33　58

15	17	宝亀十年	布勢清直（送唐客使）	南路	二	建中元年（七八〇）二月	天応元年（七八一）		唐使孫興進を送る
16	18	延暦二十二年（八〇三） 延暦二十三年七月再	藤原葛野麻呂（大使） 石川道益（副使）	南路	四	貞元二十年（八〇四）十二月◎	延暦二十四年六月（第一船） 延暦二十四年六月（第二船） 大同元年（八〇六）（第一船？）	南路	副使、唐にて没。第三船、往途肥前松浦郡にて遭難、最澄、空海ら帰国
17	19	承和三年（八三六）七月 承和四年七月再 承和五年六月再々	藤原常嗣（大使） 小野篁（副使）	南路	四	開成三年（八三八）十二月◎	承和六年八・十月 承和七年四・六月（第二船）	北路	副使、病と称して行かず、帰途、新羅船九隻を傭って帰る。第二船、南海の地に漂流
18	20	寛平六年（八九四）任命	菅原道真（大使） 紀長谷雄（副使）		一				大使菅原道真、中止を奏上

〔備考〕「入京年月」欄の◎印は正月に在京したことを示す。史料で確認できない箇所は空欄のまま。「出発」「帰国」欄に入れた月は、史料で確認できる九州での発着月。欄外上部の数字は遣使間隔年数を示す。

認できず、唐客=唐商人で、史料Bの王訥《おうとつ》の来航を示すとする見解も呈されている。後者であれば、宇多天皇の意思により唐商人の入京が許可されたことになるが、ここでは二案を並記して、断案は保留しておくことにしたい。ただ、いずれにしても七月以前に在唐の日本僧中瓘の書状が朝廷にもたらされていたことはまちがいない。

さて、その後の展開については、いったんは使人を任命しながらも、一転して九月三十日の記事で停止になっていること、一方で道真らはその後も使人の肩書を称し続けていることの関係が不審とされてきた。道真は『公卿補任』では寛平八年まで遣唐大使を兼帯しており、紀長谷雄は古文書では延喜元年十月二十八日まで（『東南院文書』一—三二号、太政官牒）、おそらくは延喜二年正月二十六日に参議になるまで副使の肩書を用いたものと考えられ、録事阿刀春正は昌泰元年にその職位を明記している。道真に関しては、祖父清公《きよきみ》《とも》—叔父善主《よしぬし》に続く「遣唐使の家」の名誉だけを求めて大使になったものの、すぐに再考の建議を呈して渡海を忌避したとする説明、当初からの筋書通りの行動と位置づける見解も示されている。

しかし、肩書の存続は実質的な意味、すなわち遣唐使計画が存続していたことを反映するものであり、宇多朝末、あるいは醍醐朝にもなお模索状態であったと考えられるのでは

図13　渡唐天神像（道明寺天満宮所蔵）

あるまいか。そこで、『日本紀略』に散見する「其日」「某日」記事を再検討すると、それらは編者が文飾・作文を加えたものであることも多く、それゆえに日付が曖昧に記されていることが明らかになっている。となると、九月三十日の遣唐使中止決定は典拠に問題があり、使人の職位兼帯状況によると、宇多天皇から醍醐天皇に譲位された昌泰年間にも計画は存続しており、醍醐天皇の昌泰四年（延喜元＝九〇一）正月に起きた大使道真の左降事件（昌泰の変）、その後の唐そのものの滅亡（九〇七年）などによって自然と沙汰止みになったと解するべきであって、遣唐使が正式に廃止ないし停止された事実はないというのが現在の有力説になっているのである。

道真の文章

では、本件における道真の役柄はどのようなものであったろうか。ここで使人任命を挟んで前後に出された、ともに道真起草の文章を読んでみたい。

A「勅を奉りて太政官のために在唐の僧中瓘に報じるの牒」

太政官牒《ちよう》す、在唐の僧中瓘。上表に報ずるの状。牒す、勅を奉《うけたまわ》るに、中瓘の表を省《み》ることこれを悉《ことごと》くせり。「久しく兵乱に阻《はば》まるるも、今はやや安和なり」と。一書数行なるも、先には憂ひ後には喜べり。脳源茶《のうげんちや》等、状に准《なぞら》へて領受せり。誠の深きこと、溟海《めいかい》も浅きが如し。来状に云《いは》く、「温州刺史朱褒《ししゆほう》、特に人信を発して、遠く東国に投ぜんとす」と。波浪渺《びよう》なれば、宿懐に感ずと雖《いえど》も、これを旧典に稽《かんが》ふるに容納すること奈何《いかん》せんとするも、敢へて固疑せず。中瓘の消息、事理の至る所、罷《や》めんと欲するも能《あた》はず。聞くならく、商人大唐の事を説くのついで、多く云く、「賊《ぞく》寇《こう》以来、十有余年、朱褒《しゅほう》独り所部を全くし、天子特に忠勤を愛《め》づ」と。事の髣髴《ほうふつ》たる也。由緒を風聞に得ると雖も、苟《いやし》くも人君たる者、孰《いず》れか耳を傾け以て悦《よろこ》ばざらんや。儀制限り有り、言申《げんしん》志屈《しくつ》せば、迎送の中、旨趣を披陳《ひちん》せん。また頃年頻りに災ありて、資具備へ難し。しかれども朝議已に定まり、使者を発せんと欲す。弁整の間、或《あるい》は年月を延べん。大官問《たいかんとい》有らば、意を得てこれを叙《の》べよ、てへり。勅に准へて、牒送す。宜しく此の意を知るべし。沙金一百五十小両、以て中瓘に賜ふ。旅庵の衣鉢《いはつ》、適《まさ》に分銖《ぶんしゅ》を支へよ。故に牒す。寛平六年七月廿二日左大史云々。

B「諸公卿をして遣唐使の進止を議定せしめられんことを請ふの状」

右、臣某《なにがし》、謹《つつし》みて在唐の僧中瓘去年三月商客王訥等に附して到る所の録記を案ずるに、大唐凋弊《ちょうへい》、これに載すること具《つぶさ》なり。「更に不朝の問を告ぐるも、終《つい》には入唐の人を停めよ」と。中瓘区々の旅僧と雖も、聖朝のために其の誠を尽くす。代馬《だいば》越《えつ》鳥《ちょう》は豈《あ》に習性に非ざらんや。臣等伏して旧記を検ずるに、度々の使等、或は海を渡るに命に堪へざる者あり、或は賊に遭ひて遂に身を亡《うしな》ふ者あり。唯《ただ》未だ唐に至りて難《なん》阻《そ》飢《き》寒《かん》の悲しみありしことを見ず。中瓘の申報する所の如くんば、未然の事、推して知るべし。臣等伏して願はくは、中瓘録記の状を以て、遍《あまね》く公卿・博士に下して、詳《つまびら》に其の可否を定められんことを。国の大事、独に身の為めのみにあらず。且く欸《か》誠《せい》を陳べ、伏して処分を請ふ。謹みて言《もう》す。寛平六年九月十四日大使参議勘解由次官従四位下兼守左大弁行式部権大輔春宮亮菅原朝臣某。

東アジアの国際情勢

実質的には最後となった承和度遣唐使の渡航前後から、東アジア海域の交流のあり方には大きな変化が現れ、新羅《しらぎ》人の海上活動、ついで在唐新羅人を含む唐商人が日本にも来航するようになり、遣唐使のみに依存しなくても、彼我《ひが》往来が可能な状況が形成されていく。在唐僧中瓘の渡海時期は不明であるが、彼はこの新しい彼我往来の方法を利用して渡航、入唐求法《にっとうぐほう》を続けていた存在の一人で、すでに元慶《がんぎょう》五年（八八一）に真如《しんにょ》（平城《へいぜい》天皇の子高丘《たかおか》親王。弘仁元年〈八一〇〉の薬子《くすこ》の変で廃太子《はいたいし》になり、貞観四年〈八六二〉に入唐求法、天竺《てんじく》行きを企図）の死去を伝える書状を送付し、砂金の賜与を得ており（『日本三代実録』元慶五年十月十三日条）、こうした情報提供と旅資獲得により求法継続が可能になっていたのであろう。A冒頭の兵乱云々は黄巣《こうそう》の乱（八七五〜八八四年）を指し、日本の元慶五〜八年には長安《ちょうあん》付近での攻防戦が続いていたから、前回の通信直後に情報回路が途切れてしまったのである。

さて、Aでは中瓘は温州刺史朱褒が使者を日本に派遣して入貢の催促を行う計画がある

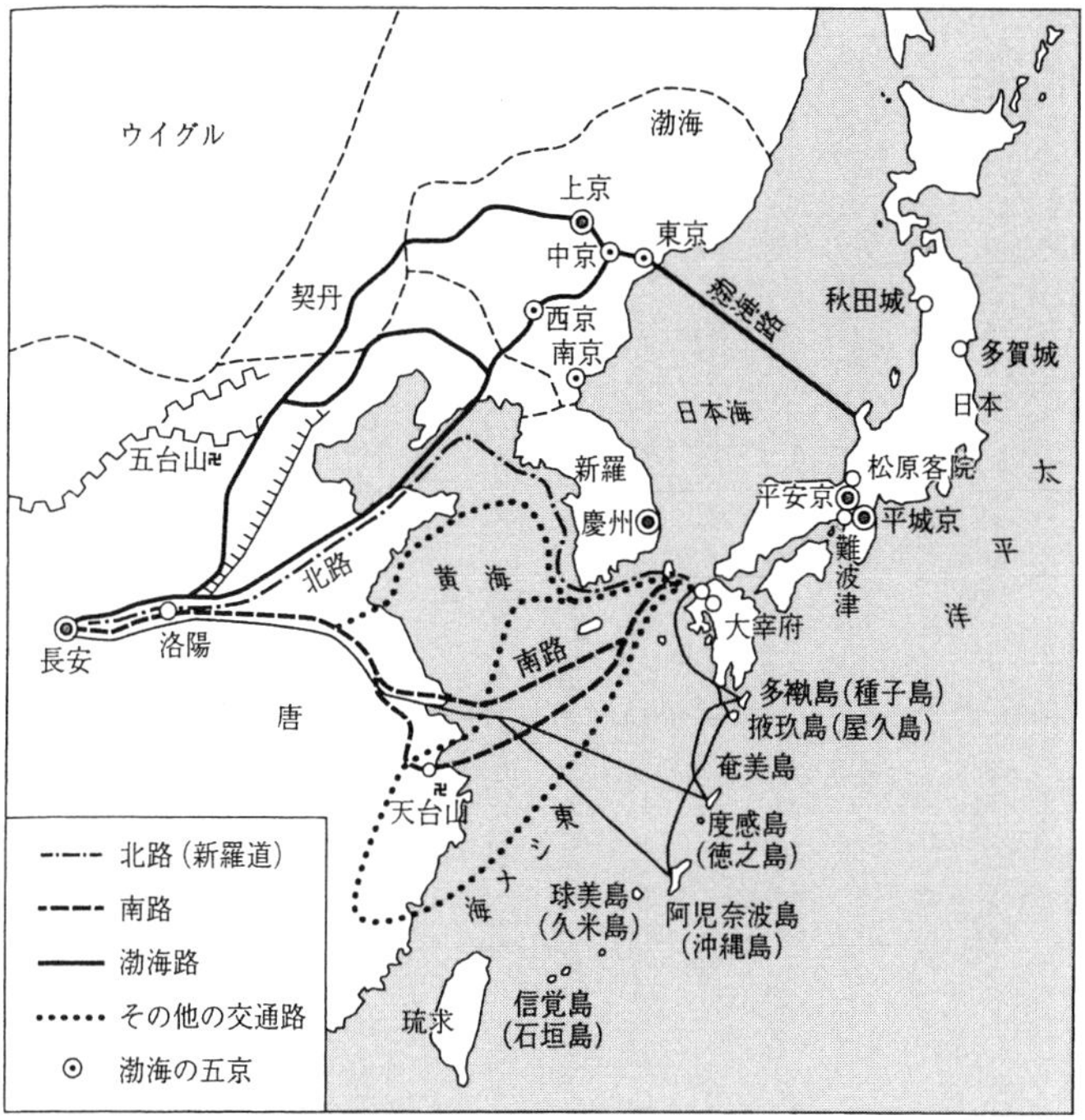

図14　遣唐使の航路と国際情勢（森公章『天智天皇』〈吉川弘文館, 2016年〉126頁）

ことを伝えている。日本側は「旧典」=「人臣無境外之交」（外交権は皇帝・天皇など君主のみが有し、臣下は勝手に外国と通交してはならない）の原則では朱褒の使者を受け入れがたいところもあるが、唐側の意思を疑うわけではないこと、中瓘の書状によると、朱褒の使者派遣は中止できそうにもなく、また来日唐商人の情報を考え合わせると、朱褒の統治ぶりや皇帝との良好な関係が確認できることを述べている。ただ、日本側の意図は書状では充分に伝達できないので、使者が到来した際に、その迎送のなかで披陳するつもりであるという。

そのうえで日本側の立場・事情を説明しており、寛平五年（八九三）の内裏火災など災禍が相次ぎ、遣使準備をなかなか進めることができなかったが、今回の遣唐使派遣計画がすでに決定していることを通告しており、これは注目すべき事柄である。ただし、実際の進発までには時間がかかる場合もあるので、「大官」（朱褒のこと）に尋ねられたならば、その旨を説明してほしいと依頼し、中瓘への砂金賜与が触れられている。

以上がAの内容で、これをふまえて使人任命に至るのであるが、Bでは一転して、道真が中瓘の録記（Aの表・来状・消息）を分析したうえで、唐の衰退が明白であり、入唐後に遣唐使が辛苦するという前例のない事態が予測されることを強調するようになる。また中瓘も「唐側が日本から長らく遣唐使が到来していないことを詰問したとしても、今回の遣唐使派遣は止めるべきである」と述べていると指摘している。「代馬越鳥」云々は異郷にあっても本国を想うたとえであるから、道真は中瓘は故国である日本・日本人のことを顧慮して建言したものと解しているようである。

従来A・Bは矛盾するものと考えられてきたが、中瓘の「録記」の全体構造としては、唐朱褒による遣唐使派遣の催促があるという情報を伝える一方で、中瓘の見解としては、唐の情勢不安定から判断して、遣唐使派遣を危険とみなす意見が述べられていたものと復原できよう。Bから看取されるのは、「録記」の全文、とくに入唐後の労苦が明白であることが公卿・博士らに示されないままにAが作成され、遣唐使派遣決定・使人任命に至ったという経緯があり、道真はそれが問題であると考えた次第である。

宇多天皇の企図

以上を要するに、寛平度遣唐使計画は宇多天皇の勇み足であり、道真はそれを諫止《かんし》しようとしたと目される。では、宇多天皇はなぜこのような計画を企図したのであろうか。宇多天皇が醍醐天皇に訓戒した『寛平《かんぴょうの》御遺誡《ごゆいかい》』第七条には、

外蕃《がいばん》の人必ずしも召し見るべき者は、簾中《れんちゅう》にありて見よ。直に対《こた》ふべからざるのみ。李環《りかん》、朕すでに失《あやま》てり。新君慎め。

とあり、これは寛平八年に唐人梨懐《りかい》が召により入京したとある（『日本紀略』同年三月四日

条）のに対応する出来事とみられ、その後も宇多天皇は外交案件に積極的に携わろうとしたことを示す。この李環＝梨懐に関しては、後に道真が大宰府に配流されたときに交流のあった大唐通事《だいとうつうじ》李彦環《りげんかん》（『後集』五〇一）に比定する見解が呈されており、そうなると、宇多天皇はこうした唐人を京上させて情勢分析に努めていたこと、すなわち遣唐使計画になお意欲を有していたことがうかがわれてくる。

　では、なぜ宇多天皇は外交案件に固執するのであろうか。承和度から寛平度までは六十年近くの間隔があり、この間遣唐使派遣はなかったが、実は唐に遣使した事例が存する。それは貞観十六年（八七四）のことで、伊予権掾正六位上大神宿禰《おおみわのすくね》己井《みい》・豊後介正六位下多治《たじひの》真人《まひと》安江《やすえ》らを「唐家」に派遣して、香薬を市買するという記事が知られる（『日本三代実録』貞観十六年六月十七日条）。このときに藤原山蔭《やまかげ》も「入唐使」大神御（己）井に白檀《びゃくだん》香木の買得を依頼し、千手観音菩薩《せんじゅかんのんぼさつ》像一体を造立、摂津国島下《しましも》郡に総持寺《そうじじ》を建立したという（『朝野群載』巻一「総持寺鐘銘」）。彼らは元慶元年（八七七）に唐商人崔鐸《さいたく》の船で台州《だいしゅう》から帰朝しており（『日本三代実録』元慶元年八月二十二日条）、入唐時にも唐商人（人名不明）の船を利用したものと思われる。

　最初の人臣摂政である藤原良房《よしふさ》は貞観十四年九月二日に死去しており、当時上席には左大臣源融（五十三歳）がいたが、実質的には時に三十九歳の右大臣藤原基経が政務を主導していたと考えられる。基経は貞観十九年（元慶元年）に延暦寺僧済詮《さいせん》らの五臺山《ごだいさん》参詣を目的とする入唐（『扶桑略記』貞観十九年閏二月十七日条）、元慶六年の円珍の弟子三慧《さんえい》の渡海（『天台宗延暦寺座主円珍伝』）などを支援したと目され、今回の「入唐使」も清和天皇のために唐物入手を企図してのこととみることができる。とすると、陽成朝の摂政、光孝朝の関白である基経は、この間一貫して外交権の行使を掌握していたといえよう。

外交権の所在

この貞観十六年の「入唐使」に関しては、これを遣唐使としてカウントしようとする見解も呈されている。使人のうち、大神己井は神一郎《じんいちろう》の名でも知られ、春日宅成《かすがのやかなり》（春太郎《しゅんたろう》）とともに唐商人の船で彼我往来し、交易に従事した経歴を有する（『入唐求法巡礼行記』巻四、大中元年〈八四七＝承和十四〉六月九日条）。春日宅成は漢語能力が必要な渤海通事（『日本三代実録』貞観元年二月九日、同三年正月二十八日、元慶元年二月三日条）や大宰府で朝廷の使者（唐物使）として唐物の収買に従事していたことが知られ（『平安遺文』四九三九号）、中国語の会話力や唐物目利きの眼力を有し（『日本三代実録』元慶元年六月二十五日条も参照）、中下級官人として朝廷の外交・交易の実務を担っており、大神己井も同様の能力をもっていたと思われる。ただ、この貞観度の「入唐使」は香薬入手という単発の目的で派遣されたもので、大使・副使などの任命もないので、やはり遣唐使として位置づけるのは難しいと考える。

しかしながら、寛平度遣唐使計画は貞観度「入唐使」から二十年の間隔で派遣が企図されており、大宝度以降の遣唐使が「二十年一貢」の原則で通交していたことを考慮すると、貞観度を起点とする「二十年一貢」の時宜が強く意識されていたことは認めてよいと思われる。つまり、そこには藤原基経が掌握していた外交権を天皇のもとに回復する意味合いがあったと考えられ、宇多天皇の屈折した心情が秘められているとみられる。そして、実際にも基経の子時平が外交案件を処理し、基経—時平ラインが定着する危惧《きぐ》があったことにも留意したい。

『入唐五家伝』所載唐・景福《けいふく》二年（八九三＝寛平五）閏五月十五日在唐僧好真牒《こうしん》には、中瓘と同様に在唐して求法に勤しむ日本人僧がいたことが知られる。好真は師の師良《しりょう》に随伴して入唐、師良の死後も求法を続けている人物で、今回の牒状では、長安崇聖寺《すうせいじ》の弘挙《ぐきょ》大徳《だいとく》の日本行きを推挙、入国許可を依頼している。同書所載の年月日未詳（寛平五年か）大宰府宛太政官符には、七月八日に中国を出帆した大唐商人周汾《しゅうふん》ら六十人が二十一日に博多津に到着したことがみえ、弘挙はこの船で来日したのであろう。そして、Bの王訥もこの一行とともに到来した可能性を指摘することができる。

好真牒状では、好真は弘挙大徳の入国許可を「相公《しょうこう》」、つまり大臣・公卿クラスの人物による朝廷への取り次ぎにより実現することを期待していた点にも注目される。師良—好真が渡海したのは黄巣の乱以前と目され、好真の脳裏には基経による外交権の掌握があったものと考えられる。弘挙の安置は同書所載の寛平五年八月十六日太政官符で許可されており、これを奉勅したのは時に二十三歳の中納言藤原時平であった。ここにはもちろん宇多天皇の意思が反映されていたと思われるが、時平の奉勅には基経―時平ラインによる外交案件処理の流れが背景になっており、こうしたなかで天皇の主導権を回復するには遣唐使派遣計画が不可欠と考えられ、宇多天皇の勇み足的な計画立案・実施になったのであろう。

ちなみに、『源氏物語』桐壺《きりつぼ》に、

そのころ、高麗人《こまうど》の参れる中に、かしこき相人《そうじん》ありけるを聞こしめして、宮の内に召さむことは宇多帝の御誡《ごかい》あれば、いみじう忍びてこの皇子を鴻臚館《こうろかん》に遣はしたり。

とあり、これは寛平六年来航・翌七年に入京した渤海使に関わる逸話をふまえた訓戒と目されるが、宇多天皇が文学作品にも取り入れられるような天皇のあり方・規範を示した点では、後代まで記憶に残る行事をなそうとしたものとして注目される。このとき来日したのは裴頲《はいてい》であり、道真は鴻臚館での詩宴に参加し、再会を喜ぶとともに、文人として面目躍如たるところを示すことができた（『文草』巻五―四一九～四二五、『日本紀略』寛平七年五月十五日条）。

なお、史料AとBの間には新羅海賊の対馬への大規模な侵攻があり（『扶桑略記』寛平六年九月五日条）、これにより海路の峻険さが改めて認識され、Bでの道真の建言につながったとする見解もある。表10の法令にも日本海側の山陰・北陸道諸国への弩師《どし》（大弓を引く人）配置が散見するところであり、この海防問題も寛平の治の要素であった。今回の新羅海賊事件は後代の刀伊《とい》の入寇《にゅうこう》（寛仁《かんにん》三年〈一〇一九〉）の際にも参照される記憶と記録に残る出来事であるが（『小右記《しょうゆうき》』寛仁三年六月二十九日条）、短期間で解決しており、また入唐路には直接に関係しない海域のものであること、そもそもBでは入唐後の苦難が問題にされているのであることなどから考えて、B提出の直接的・決定的要因ではなく、宇多天皇も容易には計画を取り下げなかったとみておきたい。

道真の政治手法

以上の寛平度遣唐使計画に対して、道真はいったんは賛同したものの、文人官僚らしく、熟考のうえ、自分の意見を再構築して、至誠の心から諫言に及んだ次第であった。これは道真の一つの政治手法の特徴でもあり、そうした事例を別件に探ってみたい。宇多天皇が李環と相見した寛平八年に問題となった検税使《けんぜいし》派遣の可否論争である（『文草』巻九―六〇二「議者をして検税使の可否を反覆せしむることを請《こ》ふの状」）。

検税使は中央から七道に派遣され、諸国の正倉《しょうそう》の現物と帳簿との整合性を実査するものである。地方官の経験が讃岐国しかなかった道真は、「もしこの使を遣さば、頗《すこぶ》る物の煩ひ有るか」と考えていたが、当初反対の論拠に盤石の自信がなかったので、当面は自分の意見を明確にしなかった。当日には大納言源能有以下二〜三人の公卿たちが「同じく不快の気有り」と、この案件に反対したが、勘定した剰物の半分ないし三分の一を返給したら、国司の罪を不問にするという緩和条項を付帯して、なんとか検税使派遣を認めることにしたらしい。参議源希はそれでもなお「専ら許す所なし」と反対の雰囲気であったが、公益のため、帳外の剰物を勘出して国用に補充するためという大義名分には抵抗しがたく、渋々と承認に至ったようであり、道真も同様の気持ちを抱いていた。

しかし、その後国司経験が豊富な人々、例えば越前守小野葛絃《くずつる》らの意見を審問し、検税使派遣の弊害が大きいことを知った道真は、充分に勉強を重ね、論破されない確信を得たうえで、七月五日に奏上し、再検討を求めたのである。道真は讃岐一国ではあるが、地方の実情を熟知しており、

国司、或は文法に乖《そむ》きて以て方略を廻し、正道に違ひて以て権議《ごんぎ》を施し、動《やや》もすれば己《おのれ》の為めならずと雖も、其の事皆法を犯せり。

という状況を肯定していた。これは良吏による統治のあり方を認めた法令の「経《けい》に反《かへ》りて宜しきを制し、勤めて己の為めにせざれば、まさに寛恕に従ひ、文法に拘わること無し」

（『類聚三代格』巻七天長《てんちょう》元年〈八二四〉八月二十日太政官符）、律令などの法規に多少はずれても、私心のないものであれば独自の政務運営を認め、各国の状況に合わせた柔軟な国務の執行、国司の判断による統治方式を推進する立場を支持するものである。この点は道真と確執のある三善清行も同様で、延喜十四年（九一四）四月二十八日の意見十二箇条（『本《ほん》朝文粋《ちょうもんずい》』巻二）の「諸国の少吏幷《なら》びに百姓の告言・訴訟に依りて朝使を差遣することを停止するを請ふ事」では、受領の裁量を広く認めるべきことを主張している。

検税使派遣の問題点

その観点からは、まず地方の正税（諸国の正倉に収納された稲穀）現物の実態としては、帳簿上百万束の正税が記載されていても、実際には正倉には五十万束しかなく、残りの五十万束は返挙《へんこ》、すなわち人民に対する出挙に充当されている状態であり、

　収納の日、其の返挙の物、ただ利稲《りとう》を出して、本稲《ほんとう》を出さず、便《びん》に留めて民の身に在り。是《こ》れまた明年返挙の為めのものなり、是の如きの例、歴年已に久しく、忽《たちま》ちに変ふるべからず。

という状況になっていたことに留意せねばならない。これは上述の出挙地税化とも対応する現象で、後に問題となる里倉負名《りそうふみょう》、すなわち正倉に存すべき本稲が民間の倉に預けられている状態、実際には欠損・未納になっていることが広く進行していたことを示し、道

真が統治していた讃岐国でも同様の方式で運用されていたのであろう。

したがって帳外剰物が十万束あったとしても、正倉にあるのは百十万束ではなく、五十万＋十万＝六十万束であり、これを実査すると、帳簿と現物の差、物実の不足が明白になり、すべての国司が罪に問われ、地方支配が成り立たなくなるのである。またたとえ剰物を勘収したとしてもこれは頴稲《えいとう》（穂付き）の状態であるから、舂米《しょうまい》（もみがらを取り除いた米）にすると欠損が生じ、頒施《はんし》したり、買物に充当したりしたときに、百姓にも損弊《そんぺい》・愁苦が及ぶ恐れがあるとも指摘している。

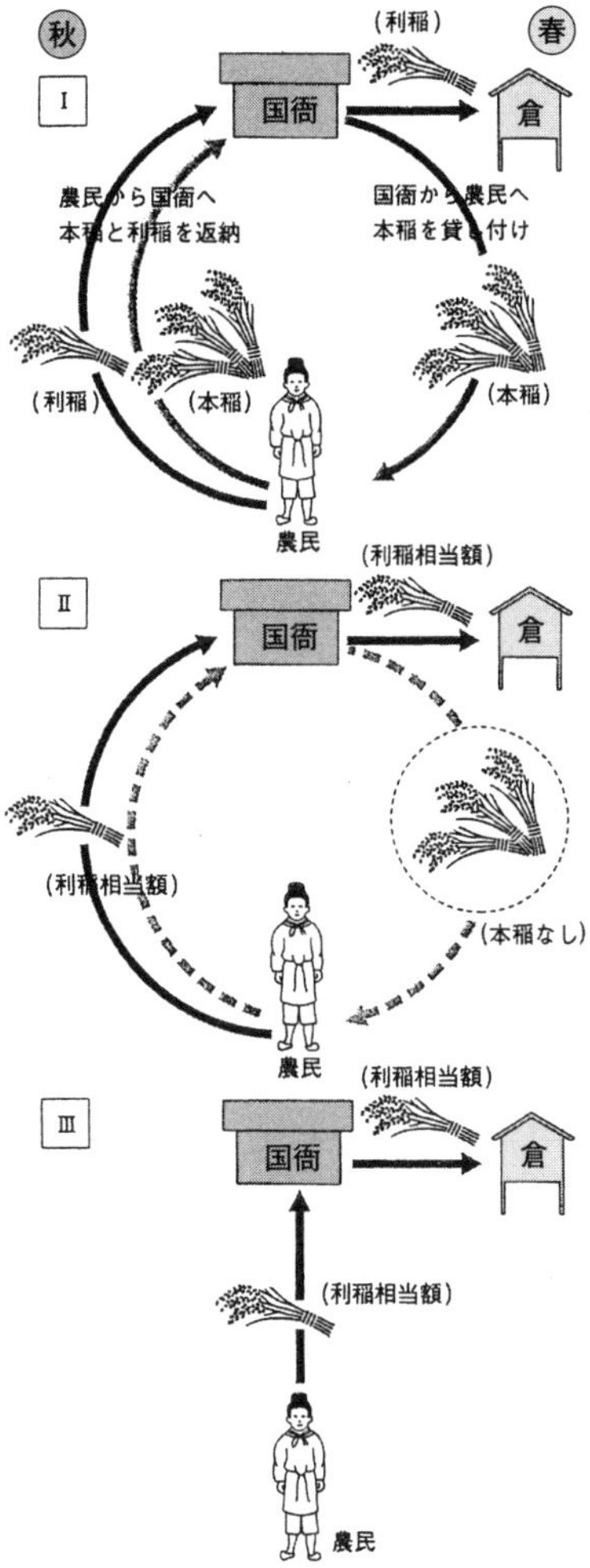

図15　出挙の地税化（瀧浪貞子『日本の歴史⑤　平安建都』〈集英社，1991年〉259頁）

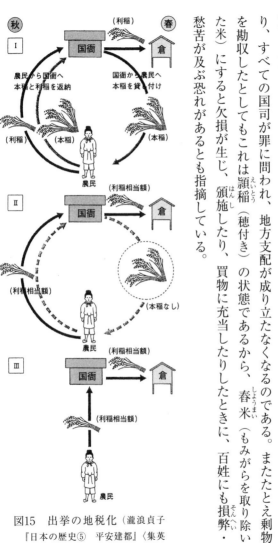

そして、検税使に任命された人々のうち、左中弁平季長は宮中要須の人、式部少輔紀長谷雄は北堂での『文選《もんぜん》』講説が未了、勘解由次官大蔵善行《おおくらのよしゆき》は解由状の与不の審査や『日本三代実録』の編纂で多忙、主税頭善世有友《しゅぜいのかみよしよのありとも》は諸国公文《くもん》の勘定の用務があり、大膳大夫《だいぜんのだいぶ》紀清躬《きよみ》は次の除目で地方官、しかも大国の受領に転出しそうであること、左大史《さだいし》壬生望材《もちき》は本務多忙のうえに、山崎橋の修営の急務があると述べ、こうした人々が検税使として一年余も都を留守にすることはできないと強調するところである。ただ、これは反対のためにするもので、必ずしも正当な論拠とはいえないであろう。

以上を要するに、検税使派遣には公卿たちはおおむね反対であり、名前が出てこなかった藤原時平も同様と目される。道真の奏状は、

聖主、収視反聴して、以て古人一日三省の義に叶ひたまへ。

と結ばれているので、宇多天皇に捧呈したものであって、『寛平御遺誡』第三条には官人給与である季禄《きろく》・大粮《たいろう》・衣服・月料等の財源として不動穀（非常時にそなえて貯蔵された穀類）・正税に言及されていることや、事態の推移が遣唐使の件と相似することからみて、今回の検税使は宇多天皇が発案者であったと考えられる。とすると、今回も道真は宇多天皇の思いつきが非現実的であると考え、諫言した次第であった。これは至誠の姿勢で、手堅い政治手法ではあるが、ときには一事不再理を再審議させられる側には苦々しい思いが

残る危険をともなうものであり、「危殆の士」とも評せられる道真の前途には懸念される要素となるものである。

宇多朝から醍醐朝へ

検税使派遣問題の結末は不明であるが、宇多天皇は寛平九年（八九七）七月三日に東宮敦仁《あつひと》親王を清涼殿で元服させ（時に十三歳）、その日に皇位を譲って醍醐天皇の即位になっており、この代替りのなかで検税使の方はおのずと沙汰止みになったと考えられる。宇多天皇はまだ三十一歳の若さであったが、なぜ譲位に及んだのであろうか。

宇多天皇の譲位

宇多天皇の譲位・醍醐天皇の即位に関しては、『寛平御遺誡』第十五条に次のような事情が記されている。

右大将《うだいしょう》菅原朝臣は、これ鴻儒なり。また深く故事を知れり。朕《ちん》選びて博士と為し、多く諫正《かんせい》を受けたり。仍りて不次に登用し、以て其の功に答ふ。しかのみならず朕前年に東宮を立てしの日、ただ菅原朝臣一人とこの事を論じ定めき女知、尚《ないしの》侍《かみ》居《お》りき。其の時に共に相議する者一人も無かりき。また東宮初めて立ちし後、未だ二年を経ざるに、朕譲位の意有り。朕この意を以て密々に菅原朝臣に語れり。しかるに菅原朝臣申して云く、「是の如きの大事は、自らに天の時有り。忽《ゆるがせ》にすべからず、早くすべからず」と云々。仍りて或は封事を上り、或は直言を吐きて、朕が言に順《したが》はず。またまた正論なり。今年に至りて、菅原朝臣に告ぐるに、朕が志必ずしも果すべきの状を以てす。菅原朝臣更に申すところなく、事々に奉行せり、七月に至りて行ふべきの儀、人の口に云々す。殆《ほとほと》に其の事を延引せむと欲するに至りて、菅原朝臣申して云く、「大事は再び挙ぐべからず。事留るときは則ち変生ず」と云々。遂に朕が意をして石の如くに転ぜざらしめたり。惣じてこれを言へば、菅原朝臣は朕が忠臣のみに非ず、新君の功臣ならむや。人の功は忘るべからず。新君慎め云々。

宇多天皇の道真に対する評言とともに、醍醐天皇即位に至る道真の功績が強調されたものので、興味深い裏面を教えてくれる。『日本紀略』の醍醐天皇即位前紀には、寛平五年四月十四日に九歳で皇太子になったとあるから、寛平七年頃には譲位の計画があり、宇多天皇は道真に相談したが、そのときは道真は反対したという。立太子の際にも道真と宇多天皇の養母である尚侍藤原淑《しゅくし》子だけが臨席する場で決定したといい、宇多天皇の道真への信頼ぶりがうかがわれる。そして、今回は道真も機が熟したと考えたのか、反対せず、情報が漏れて宇多天皇が躊躇《ちゅうちょ》をみせると、むしろ推進するように助言したので、譲位が実現したとある。宇多太上天皇は醍醐天皇に対して道真が立太子、即位の実現に果たした役割を知らしめたところである。

宇多太上天皇は朱雀院《すざくいん》に遷居、昌泰二年（八九九）、三十三歳で出家し、仁和寺《にんなじ》に居住するが、崩御するのは承平《じょうへい》元年（九三一）七月十九日、六十五歳であり、退位後三十三年間の太上天皇・法皇としての生活になった。この譲位の時宜としては、一つにはみずからの皇統での皇位継承を確実なものにしようとしたことが挙げられる。寛平八年には陽成天皇の母である皇太后藤原高子《たかいこ》が突如廃后とされており、これは「事秘にして知らず」、罪なくして廃されたといい（『日本紀略』寛平八年九月二十二日条、『九暦』天慶六年〈九四三〉五月二十五日条）、高子所生の陽成同母兄弟やその子孫の皇位継承の可能性を閉ざす措置である。敦仁親王立太子には藤原淑子が参与しており、彼女は甥の時平の後見のような立場でもあったから、こうした方向は時平も承知していたものと目される。また寛平八年六月三十日に親王の生母藤原胤子《いんし》が死没した後、阿衡事件の際に宇多の女御になっていた藤原温子《おんし》が寛平九年七月二十六日に醍醐天皇の継母・養母になっており（『中右記』大治五年〈一一三〇〉二月二十一日条）、醍醐天皇の周囲には時平につながる人脈が張り巡らされていた。

そして、道真が元服後の即位を推進した理由としては、元服前だと摂政を置かねばならないが、北家高藤《たかふじ》の女胤子所生の敦仁親王には摂政となるべき外戚が不在で、幼帝であるにもかかわらず、摂政を置くことができないという事態が生じるので、道真は元服後の時宜で賛成に転じたという事情が考えられるとされている。とすると、道真は最も適切なタイミングで宇多天皇の意思を実現するのに腐心したといえよう。ただ、この宇多天皇、譲位後の宇多太上天皇との親密さは、後の昌泰の変の一因として留意しておきたい。

宇多天皇譲位・醍醐天皇即位時の公卿の構成は次のようになっていた。

内覧のはじまり

大納言…藤原時平（二十六歳）

権大納言…源光《ひかる》（五十三歳）、菅原道真（五十三歳）

中納言…藤原高藤（六十歳）、藤原国経《くにつね》（七十歳）

参議…藤原有実《ありざね》（五十歳）、源直《なおし》（六十八歳）、源貞恒《さだつね》（四十二歳）、藤原有穂《ありほ》（六十歳）、源湛《たたう》（五十三歳）、源希（四十八歳）、源昇《のぼる》（三十九歳）、十世王《とおよ》（六十四歳。桓武天皇の孫、仲野親王の十男）

この直前の寛平九年六月八日に右大臣源能有が薨去しており、醍醐天皇即位時には大臣がいなかったのである。そこで、宇多天皇は伝国詔命として、次のような付託を行っている（『日本紀略』醍醐天皇即位前紀）。

春宮大夫藤原朝臣時平・権大夫菅原朝臣道真、少主未だ長ぜざるの間、一日万機の政《まつりごと》、奏すべき請《う》くべきの事、宣すべし、行ふべしと云々。

これは父光孝天皇が基経に宇多天皇の輔弼《ほひつ》を依願したのと同様に、政務の中心と目される時平と道真の二人に醍醐天皇の補佐を依頼したもので、内覧の初例とみられる。内覧は大臣ではない公卿に関白と同様の職務を行わせるものであり、伝国詔命の文章は『文草』巻九―六〇六「太上天皇に上り、諸納言等をして共に外記に参らしめんことを請《こ》ふの状」に引用されたものの方が正確であると思われる。

大納言藤原朝臣・権大納言菅原朝臣等、奏すべき請くべきの事、且つがつ其の趣を誨《おし》へ、これを奏し、これを請けよ。宣すべき行ふべきの政、其の道を誤ることなく、これを宣し、これを行へ。

こうして時平と道真が専ら奏請宣行《そうせいせんこう》を担当するようになるが、これによりほかの納言たちは諸政務について奉宣できなくなり、反発した彼らが日常の政務までをボイコットするようになったため、時平と道真だけで国政を担うには多忙過ぎるという問題が発生したのである。この状況は一年以上に及び、昌泰元年（八九八）九月に道真は宇多太上天皇に対して、ほかの納言たちも政務に加わるよう、伝国詔命の意図を明示し、「誤解」を氷解してほしいと切望する仕儀に至っている（同六〇六・六〇七）。

宇多天皇の意図としては、時平・道真にまだ幼い新天皇の政務の代行を命じたのであり、これは清和天皇以降、太上天皇の譲位宣命に通有の措置に倣うものであった。清和即位時の藤原良房、陽成・光孝・宇多即位時の基経は、年齢・地位ともにほかの公卿を圧倒する存在であったが、時平は若年、道真は議政官を輩出する大族の出身ではなく、またともに大臣ではないという点で、権威の絶対性という部分で見劣りするところがある。それゆえに、ほかの公卿たちもあからさまに反発を示すことができたのであろう。

今回の騒動については、後の道真左降事件につながる貴族たちの反感をうかがわせるもので、道真を標的としたとする見方もあるが、道真は「藤原朝臣独り自ら政に従ふも、何ぞ毎日頻参の役に堪えむや」（同六〇六）と述べており、時平も困っていたのである。なお、この奏請宣行の役割は、昌泰二年二月十四日に時平が左大臣、道真が右大臣になってからも、醍醐天皇はこの二人だけに行わせており（『西宮記』巻七・官奏、応和元年〈九六一〉三月十七日の記事を参照）、宇多天皇が当初意図した大臣代行とはまったく次元が異なり、大臣であっても天皇の指示がなければ奏宣に与ることができないしくみになっていく。ここには宇多天皇の見通しの甘さ、齟齬《そご》が看取される。

道真は宇多太上天皇の信頼が厚く、今回はそれをふまえて、宇多太上天皇の力を借りて、事態を収束に導くことができた。宇多天皇・太上天皇の失策に対して、またもや道真の諫正が功を奏した顚末であったといえよう。

太上天皇・天皇と道真

この宇多太上天皇との関係は以後も続いており、『文草』巻六—四四二と四四三（寛平九年）、四四八と四四九（昌泰元年）、四五一と四五四、四五五と四五六、四六〇と四六一（昌泰二年）は、まず内裏で九月九日や三月三日の宴で応製詩《おうせいし》を詠み、翌日に朱雀院で宇多太上天皇のために詠詩するという状況を示し、道真の両者への奉仕ぶり、二君に仕える様子がわかる。そのほか、宇多太上天皇に対しては、雲林院《うりんいん》行幸（同四五〇）、宮瀧《みやたき》行幸（同六八〇）に従駕したことが知られる。ちなみに、『古今和歌集』羈旅《きりょ》（同四二〇）の、

このたびは幣《ぬさ》もとりあへず　たむけ山もみぢの錦　神のまにまに

は、題詞に「朱雀院の奈良におはしましたりける時に、たむけ山にてよみける」とあり、藤原定家《さだいえ》撰『百人一首』にも採られている道真の和歌で、宮瀧行幸の際のものである。

そして、朝廷の用務として、『醍醐天皇御記』昌泰元年四月二十三日条の次の記載にも注目される。

仕官の事有り。是の日、議畢《おわ》りて、菅原朝臣を使はして朱雀院に大間書《おおまがき》を遣し奉る。還り来りて後、二省に賜る。

これは除目《じもく》において、道真を使者として宇多太上天皇に大間書（欠員の官職名と任官候補者名を列記したもの）を見せて、承認を得たうえで、式部省と兵部省に下したという内容で、ここから宇多太上天皇が道真を介して国政に関与する姿を読み取ろうとする見解が呈されている。しかし、院政期のように除目の最中に使者が院と天皇の間を往来して、院の意向を反映させているわけではないから、積極的な国政関与の明証ではないという評価もある。基本的には後者の意見を支持したいが、除目の結果を示す大間書を宇多太上天皇に見せたうえで、最終的な決定に及んでいる点に着目すると、醍醐天皇にとっては、やはり宇多太上天皇は配慮すべき存在であって、道真はその腹心として、自分よりも近い存在と認識されていたのかもしれない。こうした屈折や父子間の微妙な関係に介在する道真の立場は、今後の行く末を展望すると、懸念される要素である。ちなみに、時平も宇多太上天皇の大堰河《おおいがわ》舟遊に扈従《こしょう》しており（『文草』巻六―四四四）、道真だけが宇多太上天皇に奉仕していたわけではないが、上掲の『寛平御遺誡』の評価などによると、道真への信頼が深かったことは明白であろう。

道真と醍醐天皇の関係としては、昌泰三年八月十六日に道真が祖父清公・父是善《これよし》と自身の三代の家集を献じたとき（『文草』貞享《じょうきょう》板本増補分―六七四）、天皇は御製《ぎょせい》のなかで、日頃鍾愛している白居易《はくきょい》の詩文にも勝ると称揚し、『白氏文集』を今後は開くことはないとまで評価してくれたという（『後集』「右丞相《うじょうしょう》の家集を献るを見る〈御製〉」）。昌泰の変後のことであるが、延長四年（九二六）に興福寺寛建《かんけん》一行が五代十国の後唐《こうとう》に向かって渡海する際、日本の詩文を彼の地に誇示するために送付しようとしており、そこには「菅大臣（道真）・紀中納言（長谷雄）・橘贈中納言（広相）・都良香《みやこのよしか》等九巻、菅氏・紀氏各三巻、橘氏二巻、都氏一巻」が挙げられ（『扶桑略記《ふそうりやつき》』延長四年五月二十一日条）、高評価は変わらなかった。

道真もこの家集に対する御製詩について、「恩は父祖に覃《およ》びて涯岸《がいがん》なし、誰か道《い》はむ、秋来りて海水深しと」と詠じており（『後集』四六九）、君恩への深謝を吐露している。また「君は春秋に富み臣は漸くに老いにたり、恩は涯岸無くして報いむことはなお遅し」とも述べており（同四七三）、若い天皇に奉仕する老臣の心構えがうかがわれる。ただ、この年齢差のギャップは埋めがたい部分もあり、後の悲劇の要因として注意しておきたい。

道真にとって最後の華やかな場となった昌泰三年（九〇〇）九月九日の重陽宴《ちょうようのえん》に関連して、流謫《るたく》後に大宰府で詠じた詩には（同四八二）、

去《い》にし年の今夜、清涼に侍りき。秋の思ひに詩篇、独り腸を断つ。恩賜の御衣《おんぞ》は今此に在り、捧げ持ちて日毎に余香を拝す。

とあり、註に「宴終わりて晩頭に御衣を賜へり、今身に随ひて笥《け》の中に在り」と説明され

図16　大宰府の謫居で御衣を拝す道真（『北野天神縁起絵巻』北野天満宮所蔵）

ている。「臣が詩のみ多く憤る所を述べにたり」という註は「断腸」の箇所に付されたものであるが、これは忠勤を励もうにももう果たせないという思いを示すものであって、天皇を恨むということではなかったようであり、醍醐天皇に対する道真の素直な気持ちが反映されていると考えられる。

右大臣就任

昌泰二年二月十四日、時平（二十九歳）は左大臣、道真（五十五歳）は右大臣になった。文人・学者出身の大臣は、奈良時代の霊亀度遣唐使の留学生《るがくしょう》で、その後の皇位継承をめぐる政争の紆余曲折《うよきょくせつ》もあって、右大臣にま

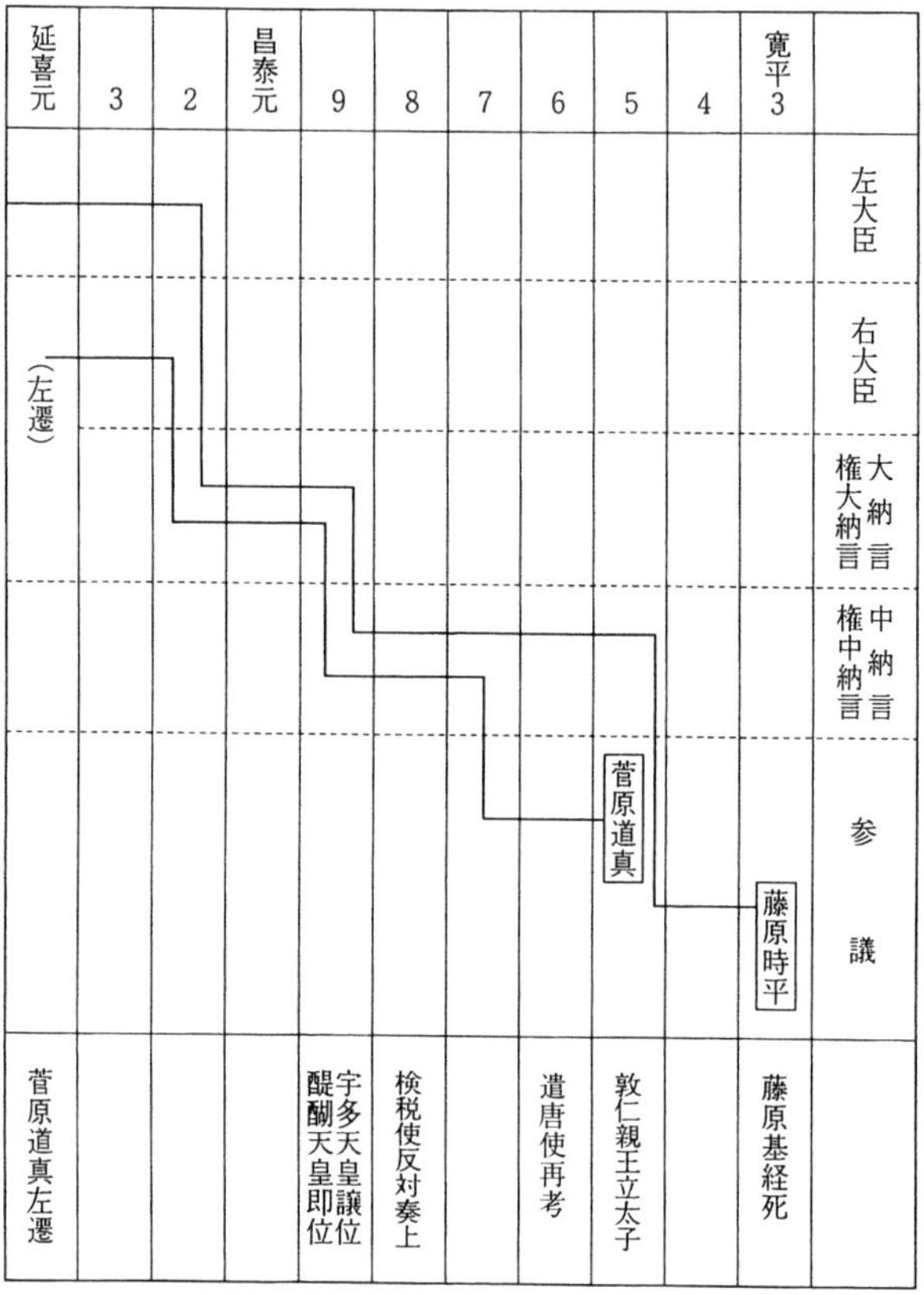

図17　藤原時平と菅原道真の昇進比較（歴史学研究会編『日本史史料』〔1〕古代〈岩波書店, 2005年〉289頁を改変）

で昇進した吉備真備《きびのまきび》以来のものである。右大臣、また右近衛大将《うこのえのだいしょう》拝任に際して、道真は右大臣の辞表を三度（『文草』巻十―六二九〜六三二）、右近衛大将の罷免《ひめん》願いを二度呈しているが（同巻九―六〇九、貞享板本増補分―六七五）、ついに受諾せざるをえなかった。

右大臣の一度目の辞表では、「臣が地は貴種に非ず、家は是れ儒林」（同六二九）、三度目には「飾るに蛍雪の末光を以てす」（同六三二）と述べ、右近衛大将の辞表でもみずからを「儒学」と位置づけており、寛平九年には「限り無き恩涯に止足《しそく》を知る。何に因りてか渇望せむ、水心清きものを」と詠じ（同巻六―四四四）、分際と限界を心得ているから、これ以上の官位昇進を臨まないという気持ち、「止足を知る」というのが道真の自己規定であったことがわかる。

そして、道真は自分の右大臣就任について、「人心已に縦容せず、鬼瞰《きかん》必ず睚眦《がいさい》を加へん」（同六二九）、「当時納言の臣下に居る者は、将相貴種、宗室清流なり」（同六三一）と、公卿のなかに批判の眼差しがあることを気にかけていた。右近衛大将の兼帯に関しても、「当時誇り《そし》有るの声、喧聒《けんかつ》切なりと雖も」（同六七五）と、儒者が弓馬に関与するのは不適切であると考えていたことが知られる。したがって右大臣の地位は、道真にとって「なほし爐炭《ろたん》に踞《うずくま》り以て焼亡《じょうもう》を待ち、冶氷を履《ふ》みて陥没を期するがごとし（燃えさかる炭の上に座して焼けるのを待ち、緩み解けようとする氷を踏んで陥没するのを承知している）」（同六三〇）、「臣自ら其の過差なるを知り、人孰《いず》れか彼の盈溢《えいいつ》を恕《ゆる》さん。顚覆《てんぷく》、流電よりも急に、傾頽《けいたい》、踰機《ゆき》に応ずるのみ（自分の地位が分不相応であることを知っており、すぐにくつがえることを承知している）」（同六三一）と、危うい状態にあることを認識していた。

それでも右大臣に就任したのは、昌泰三年十月十日の二度目の右近衛大将の辞表（同六七五）によると、道真は自分の栄達が宇多天皇の後援によること、また坊官として皇太子時代から醍醐天皇に奉仕してきたことに由来していると考えていたので、これらの恩を無下にすることができなかったためであろう。ちなみに、道真と親しかった平季長は寛平九年七月二十二日に蔵人頭で死去しており、同年の秋には右大弁の藤原佐世《すけよ》も卒去していた。こうした知己の人々がいなくなるなかでの薄氷を踏む日々が続くことになる。

なお、右大臣就任をめぐって辞表を出している頃、道真の女で宇多の女御になっていた菅原衍子《えんし》が、実母で五十賀《ごじゅうのが》を迎えた妻の島田宣来子《しまだののぶきこ》を祝賀し、宇多太上天皇も東五条第に行幸するという出来事があった（『北野天神御伝』昌泰二年三月）。これもまた、道真が宇多太上天皇の君恩を痛感する場面となる。

辞職勧告

こうしたなか、道真に対して引退を迫る書が呈される。これを草したのは文章博士三善清行で、上述のように、彼は道真との間にいくつものいきさつがあった。清行は昌泰三年十月十一日の「菅右相府に奉る書」（『本朝文粋』巻七）において、「翰林《かんりん》より挺《つい》で、槐位《かいい》に超昇するは、朝の寵栄、道の光華」と、学者から大臣になったことを称揚する一方で、これは吉備真備以外には例がなく、道真は、

　其の止足を知り、其の栄分を察して、風情を烟霞《えんか》に擅《ほしいまま》にし、山智を丘壑《きゅうがく》に蔵せば、後生仰ぎ視て亦《また》美ならずや。

と、止足をわきまえて引退した方が、後生の者から美事として仰がれると進言している。これは辞職勧告にほかならない。

清行は天文術数をよくしており、辛酉《しんゆう》革命説に依拠して事変を予測することができると指摘している。辛酉革命説は神武《じんむ》即位紀元の辛酉年を基点とし、一蔀《ほう》を一三二〇年とすることを前提にしており、翌昌泰四年が辛酉年になる。止足を知ることは道真自身が充分に認識しており、それでも右大臣を辞することはできないというジレンマにあるのであった。

清行は道真のその状況を知りながら、さらに十一月二十一日に朝廷に「預め革命を論ずるの議」を建言し（『本朝文集』巻三十一）、ここでは「明年二月、帝王革命の期、君臣剋《こく》賊《ぞく》の運に当たれり」と、やはり変事を予告し、改元すべきことを主張した。これは道真が辞職できないことを見越したうえで、「革命」に関する自説を朝廷に売り込み、道真を追い詰める策略があったのではないかと言われるゆえんである。

ちなみに、清行は昌泰の変後の昌泰四年二月二十二日に「革命勘文」を捧呈し、「今年

大変革命の年に当る」「去年の秋彗星《すいせい》見ゆる事」「去年の秋以来老人星見ゆる事」「高野天皇天平宝字九年を改めて天平神護元年となすの例」を勘申し、「老人星は、聖主長寿にして、万民安和するの瑞なり。今にして先に旧を除《はら》ふの象あり、後に福寿の瑞ありて、首尾相待つ。事験知り易し」と述べており（老人星は南極星の異名で、人の寿命を司る寿星）、七月十五日に延喜改元が実施された。これまでは代始《だいはじめ》を除いて祥瑞出現のみを改元理由にしてきたのに対して、革命・革令が改元理由に加わるという大きな変化になっている。清行はまた、『革暦類』（『大日本史料』第一編之二補遺）のなかで、道真への辞職勧告を呈した時に嘲笑する者がいたが、実際に変事が起きたことを強調しており、自分の学説に自信をもっていたようである。

流謫の地大宰府で改元の詔《みことのり》を聞いた道真は、

一つは辛酉の歳《とし》のためになり、一つは老人星のためになり、大辟《たいびゃく》以下の罪、蕩《とらか》し滌《すす》ぎて天下清めり、（中略）独り鯨鯢《げいげい》の横《よこたは》れる有り、此《こ》の魚何ぞ此《ここ》に在らむ。

と詠じており（『後集』四七九）、「鯨鯢」は悪人のかしらの意で、註によると、改元の詔書にはこの語が記されていたといい、道真を逆臣の巨魁《きょかい》として貶《おとし》めようとする清行の憎悪が看取される。

左遷と死、そして天神様へ

昌泰の変

時平と道真

『大鏡《おおかがみ》』巻二には、時平と道真の間柄として、次のような記述がみえる。

右大臣は、才よにすくれめてたくおはしまし、御こゝろをきてもことのほかにかしこくおはします。左大臣は、御としもわかく、才もことのほかにおとり給へるにより、右大臣の御おほえ事のほかにおはしましたるに、左大臣やすからすおほしたるほとに、さるべきにやおはしけん、右大臣の御ためによからぬ事いてきて、昌泰《しょうたい》四年正月廿五日、大宰権帥《だざいのごんのそち》になしたてまつりてなかされ給ふ。

これは人口に膾炙《かいしゃ》する左大臣藤原時平の陰謀による昌泰の変を裏づけるもので、時平が道真の才智の高さを妬んでの行為とする。しかし、『寛平御遺誡《かんぴょうのごゆいかい》』第十四条には、

左大将藤原朝臣《あそん》は、功臣の後なり。その年少《わか》しといへども、すでに政理に熟《くわ》し。先の

年女のことにして失《あやま》てるところあり、朕《ちん》早に忘却して、心を置かず。朕去《い》ぬる春より激励を加へて、公事《くじ》を勤めしめつ。またすでに第一の臣たり。能《よ》く顧問に備へ、その輔道に従へ。新君慎め。

とあり、道真ほどの長文にわたる評言ではないが、宇多太上天皇も時平の政務能力を高く評価していた。「先の年女のこと」云々は、『今昔物語集』巻二十二第八話「時平大臣、取国経大納言妻語」に描かれた話、叔父の大納言藤原国経《くにつね》の若い美麗の北の方が時平になびき、騒動になった件を指すものと思われる。時平は「形チ美麗ニ有様微妙《めでた》キ事無限シ。然レバ、延喜ノ天皇、此ノ大臣ヲ極《いみじ》キ者ニゾ思食《おぼしめし》タリケル」と評されており、非常に美男子で、醍醐天皇にも気に入られ、頼りにされていたとある。

時平は大蔵善行《おおくらのよしゆき》門下、『雑言奉和《ざつげんほうわ》』（群書類従《ぐんしょるいじゅう》）には延喜元年（九〇一）秋に時平の城南別業において善行の古稀《こき》の賀宴を開催したことが知られ、学界のブレーンも有していた。寛平の治のなかでも時平の活動は看取され、学者的な知識は措《お》くとして、政務能力は充分に涵養《かんよう》されていたと思われる。『文草』巻九─六〇九「左大臣の為めに、極楽寺《ごくらくじ》を以て定額寺《じょうがくじ》と為さんと欲するを請ふの状」は、時平が亡父基経《もとつね》の意志を果たすために極楽寺を定額寺にしようとした際のもので、右大臣になった道真が時平のために作文しており、道真としては基経と同様に、貴種の上席の大臣である時平に奉仕しようとしていたのであって、なんら含むところはなかったのである。

ただし、『大鏡』には次のような逸話もある。時平は冷徹で、笑うこともなく、またがまんできない性格であったといい、時平が非道のことを通そうとしたとき、道真はどうしたものかと思案していた。ここで太政官の史の某が自分に任せてくれるようにいい、文書を文刺《ふざし》（書杖《ふずえ》）に挟んで、大げさな振る舞いをして高らかに放屁《ほうひ》したので、さすがの時平もつい笑ってしまい、自分の非道を悟って、処置を道真に委ねて退出したとある。ここには道真が時平に遠慮する様子、また道真を助けてくれる中下級官人の存在などが看取され興味深いが、時平のさっぱりした一面をかいまみさせてくれる。そうしたバランスのうえで両者の協調が成り立っていたのであろう。

なお、『大鏡』に描かれた時平と醍醐天皇とに関わる逸話もみておきたい。

延喜〈醍醐〉の世間の作法したためさせたまひしかども、過差をばえしづめさせたまはざりしに、この殿、制を破りたる御装束《おしょうぞく》に、ことの外《ほか》にめでたきをして、内裏に参りたまひて、殿上《てんじょう》にさぶらひたまふを、帝、小蔀《こじとみ》より御覧じて、御気色《おんけしき》いとあしくならせたまひて、職事《しきじ》を召して、「世間の過差の制厳しきところに、左の大臣の、一の人といひながら、美麗ことの外にてまゐれる、便なきことなり。すみやかにまかり出づべきよし仰せよ」と仰せられければ、（下略）

これは醍醐天皇が過差禁制を定着させるため、時平がわざと美麗な服装で参上し、自分が厳罰に処せられることで、ほかの者にも禁制を遵守させる効果を狙ったもので、天皇と示し合わせ、両者の呼吸がうまく合っていたことをうかがわせる。

道真の左降

昌泰四年（九〇一）正月七日、右大臣菅原道真は従二位に昇叙した。こうしたなか、正月二十五日に突如として道真を大宰権帥に左降する詔が出される。昌泰の変である。『政事要略』巻二十二所収の宣命には、

右大臣菅原朝臣、寒門より俄に大臣に上り収め給り、而《しか》して止足の分を知らず、専横の心有り。佞諂《ねいてん》の情を以て前の上皇の御意を欺惑《ぎわく》す。然《しかる》を上皇の御情を恐れ慎まで奉り行ひ、敢へて御情を恕《おもんばかる》なくして、廃位を行ひ、父子の慈《いつくしみ》を離間し、兄弟の愛を淑皮せんと欲す。詞は辞《いな》ひ順《したが》はして心は逆なり。是《こ》れ皆天下知る所なり。

とあり、時に十七歳の醍醐天皇を廃位して、一歳年少の異母弟斉世《ときよ》親王を擁立しようとしたと指弾されている。斉世親王は宇多天皇と橘広相《たちばなのひろみ》の女《むすめ》義子《ぎし》の所生子、道真の女と婚姻関係にあり、昌泰元年に十三歳で元服していた。

道真は時に五十七歳、ともに処罰された人々は次の通りで（括弧内は処罰前の官職）、正月二十七日に左降除目《じもく》が行われている。

三河掾大春日晴蔭《じょうおおかすがのはるかげ》（右大史）、遠江権掾勝諸明《すぐりのもろあき》、駿河権介《ごんのすけ》菅原景行《かげゆき》（式部丞《しきぶのじょう》）、飛

驛権掾菅原兼茂《かねもち》（右衛門尉《うえもんのじょう》）、能登権掾　源　厳《みなもとのいわ》、但馬権守《ごんのかみ》源敏相《としすけ》（中宮職大進《ちゅうぐうしきたいしん》）、伯耆権目《ごんのさかん》山口高利《やまぐちのたかとし》（右馬属《うまのさかん》）、出雲権守源善《よし》（右近衛権中将《うこのえごんのちゅうじょう》）、美作守和薬貞《やまとのくすしさだ》世《よ》（少納言）、長門権掾良岑貞成《よしみねのさだなり》、阿波権守源兼則《かねのり》（前摂津守）、土左介菅原高視《たかみ》（大《だい》学頭《がくのかみ》）

道真の三人の子息を含め、政治の中枢にある顕官者はおらず、実務を担う中下級官人が多い。源敏相は仁明《にんみょう》源氏、宇多天皇の父光孝天皇の弟人康《さねやす》親王の孫で、昌泰二年二月十四日に右大臣になる前まで中宮大夫《ちゅうぐうのだいぶ》を兼任していた道真とつながるところがあり、また道真の女婿でもあった（『伊勢集』）。なお、敏相の女は醍醐天皇との間に源允明《すけあき》を生んでいる。源善・厳は嵯峨源氏で、善は右近衛大将を兼任する道真の下僚ということになるが、善は宇多天皇の後院別当として知られ（『宇多天皇御記』寛平元年〈八八九〉十一月二十一日条）、後日道真は、

自ら謀る所無し、但し善朝臣の誘引を免るること能はず

と述べており（『扶桑略記《ふそうりゃっき》』昌泰四年七月十日条〈『醍醐天皇御記』逸文〉）、事件の鍵を握る人物である。

大宰府への左遷が決定したとき、道真は自邸の梅の花をみて、

こち吹かばにほひおこせよ梅の花　あるじなしとて春をわするな

図18　庭の梅を見る道真（『北野天神縁起絵巻』北野天満宮所蔵）

と、和歌を詠み（『大鏡』）、二月一日には配所に出立している（『日本紀略』）。途中、播磨国明石《あかし》駅では、讃岐守時代に利用したときの知己の駅長がいたのか、

駅長驚く莫《なか》れ、時の変改、一栄一落是れ春秋

と、作詩したという（『大鏡』）。

清行《きよゆき》は二月九日に時平に書を送り、道真の影響力の大きさ、「菅家廊下」の門弟が多く百官に登用されており、その人数は官吏の半数にも上ること、彼らすべてを遷《せん》謫《たく》（辺地へ追放）するという風聞があるが、これは官界の動揺を招き、「善人」も失われてしまうこ

となどを進言している（『政事要略』巻二十二）。ここには非「菅家廊下」派が抱く不安、道真の潜在的脅威が反映されており、道真排除をよしとする世情もあったことがわかる。

事件の原因

事件の原因に関しては、①左大臣藤原時平の陰謀、②道真は無実で、源善らが廃立を画策、③道真は無実で、宇多法皇が廃立を主唱、④道真も源善と法皇の廃立計画に参加、⑤醍醐天皇の過剰反応といった説が呈されているが、真相はなお不明の部分がある。これらのうち、①は『大鏡』や『愚管抄《ぐかんしょう》』が主唱するものであるが、そこには時平の死後に摂関家本流となる弟忠平《ただひら》の家系に連なる人々の作為があるのではないか。忠平は道真と親しく、流謫《るたく》後の道真に配慮をしていたとし、後述の道真の怨《おん》霊《りょう》を一手に時平に向かわせるため、忠平の子孫はむしろ道真を奉祀したので栄華が続いているという史観があると考えられる。

道真の墓所となる安楽寺《あんらくじ》の由来を記した『安楽寺縁起』には、時平と源光《ひかる》・藤原定《さだ》国《くに》・藤原菅根《すがね》が謀議を巡らしたとあるが、光は右大臣、定国は右大将の後任者となったことからの濡れ衣で、菅根は宇多太上天皇を足止めしたことによるものである（『江談抄』巻三―二八）。しかし、菅根は道真が寛平五年に参議になって政務多忙の際、道真の推挙により東宮読書始《とうぐうとくしょ》めの学士の欠員に補充され、醍醐天皇即位時にも道真の申請によって従五位上を授けられており（『文草』巻九―六〇五）、道真には大恩があった。

道真に左降宣命が下ったとき、宇多は内裏に馳参しようとしたが、左右諸陣が警固して通さず、法皇は草座《そうざ》を陣頭侍従所《じじゅうどころ》西門に敷いて北を向き、終日庭に御したといい、晩景にようやく朱雀院《すざくいん》に帰還した。このときには左大弁紀長谷雄《きのはせお》が門前の陣にいたとあるから（『扶桑略記』昌泰四年正月二十五日条）、法皇を足止めしたのは紀長谷雄とする史料もあることになる。彼らは道真との親交とは関係なく、あくまでも醍醐天皇の意向で行動していたとみるのがよいであろう。

②〜④については、宇多法皇の弁明・道真擁護の姿勢から考えて、廃立の真偽は不明で、源善の誘引云々の内容もわからず、善の役柄は結局解明できない。『醍醐天皇御記』逸文には、

又仁和寺《にんなじ》の御言、数々承和《じょうわ》の故事を奉ること有るのみ。

とあり、仁和寺＝宇多法皇が承和の変のことに言及していたといい、仁明天皇を廃位しようとしたとして皇太子恒貞《つねさだ》親王が廃された承和の変を取り上げるのは、少なくとも醍醐天皇にはそうした企てがあったと感じられるところが大きかったものと考えられる。

藤原穏子入内問題

実はこの頃に宇多・醍醐父子に齟齬《そご》するところがあり、醍醐天皇が父の意思を推し量りかねるような出来事があった。醍醐天皇は宇多天皇の同母妹為子《ためこ》内親王を妃にしていたが、昌泰二年三月十四日に薨去《こうきょ》、元服・即位時に

班子《はんし》女王・宇多太上天皇に入内を反対された時平の妹穏子《おんし》を女御《にょうご》に迎えようとしている。とくに班子女王が強く反対したらしく、宇多は母の命によって制止を加えたという（『九暦』天暦《てんりやく》四年〈九五〇〉六月十五日条）。その後、昌泰三年四月一日には皇太后班子女王が死去、宇多太上天皇は昌泰二年十月二十四日に出家して法皇となっていた。ただし、穏子が女御になるのは昌泰四年三月のことで（『日本紀略』）、このときも時平が奇計を用いて実現にこぎつけたといい、法皇は怒気の様子であったが、すでに成就してしまったので、覆すことはできなかったようである。この穏子の入内、次世代の天皇の誕生により、藤原摂関家の確立が大きく進展するのであり、ここは大事な切所であった。

一方では、宇多は醍醐天皇の異母弟斉世親王と道真の女との婚姻は進めている。そこには皇位継承の予定のない子息、学者家系同士の相応の婚姻という気安さがあったのかもしれない。しかし、醍醐天皇としては宇多太上天皇・法皇と道真との関係、かつて自分の立太子・即位を左右した道真の動向に疑念が生じるのも仕方ないであろう。道真は時に五十七歳、十七歳の醍醐天皇は時に三十一歳の左大臣時平との関係形成に傾き、父や道真には隔意が生じることになるのではあるまいか。内裏に入ろうとした宇多太上天皇を終日門外に押しとどめたのは、父子関係の捻《ねじ》れを如実に示すもので、これも一つには宇多の失策といえよう。

以上を要するに、昌泰の変は⑤醍醐天皇の過剰な反応の要因が大きいと考える。ただ、道真にも学閥の争い、貴族社会への進出やその政治手法への反発、諫臣《かんしん》としての信頼が醍醐天皇との間には醸成されなかった点など、不足するところがなかったわけではないと思われる。そこに道真の悲劇があったのである。

道真の死と怨霊から天神へ

大宰府でのくらしぶり

道真の左遷後、七月十五日に年号は延喜と改められた。新年号を撰進したのは紀長谷雄であり（『江吏部集《ごうりほうしゅう》』中・帝徳部）、上述のように、道真は大宰府の謫居《たっきょ》で改元の詔《みことのり》を聞いている。大宰府は政庁を北端中央に置き、南北の中軸道路を境として東西に左郭十二坊・右郭八坊、南北二十二条の条坊が敷設されており、道真は右郭十二条一坊の榎社《えのきしゃ》付近に居住していたらしい。ここは「南楼」（『後集』四八四）、「南館」（同四九三）と称される地で、「官舎三間、白き茅《かや》と茨《いばら》と」（同四七七）とあり、質素な配所の様子が知られる。「門を出でず」（同四七八）には、「都府楼《とふろう》には纔《わずか》に瓦の色を看る、観音寺《かんのんじ》にはただ鐘の声をのみ聴く」と詠じられており、外出も控える謹慎生活ぶりがうかがわれる。

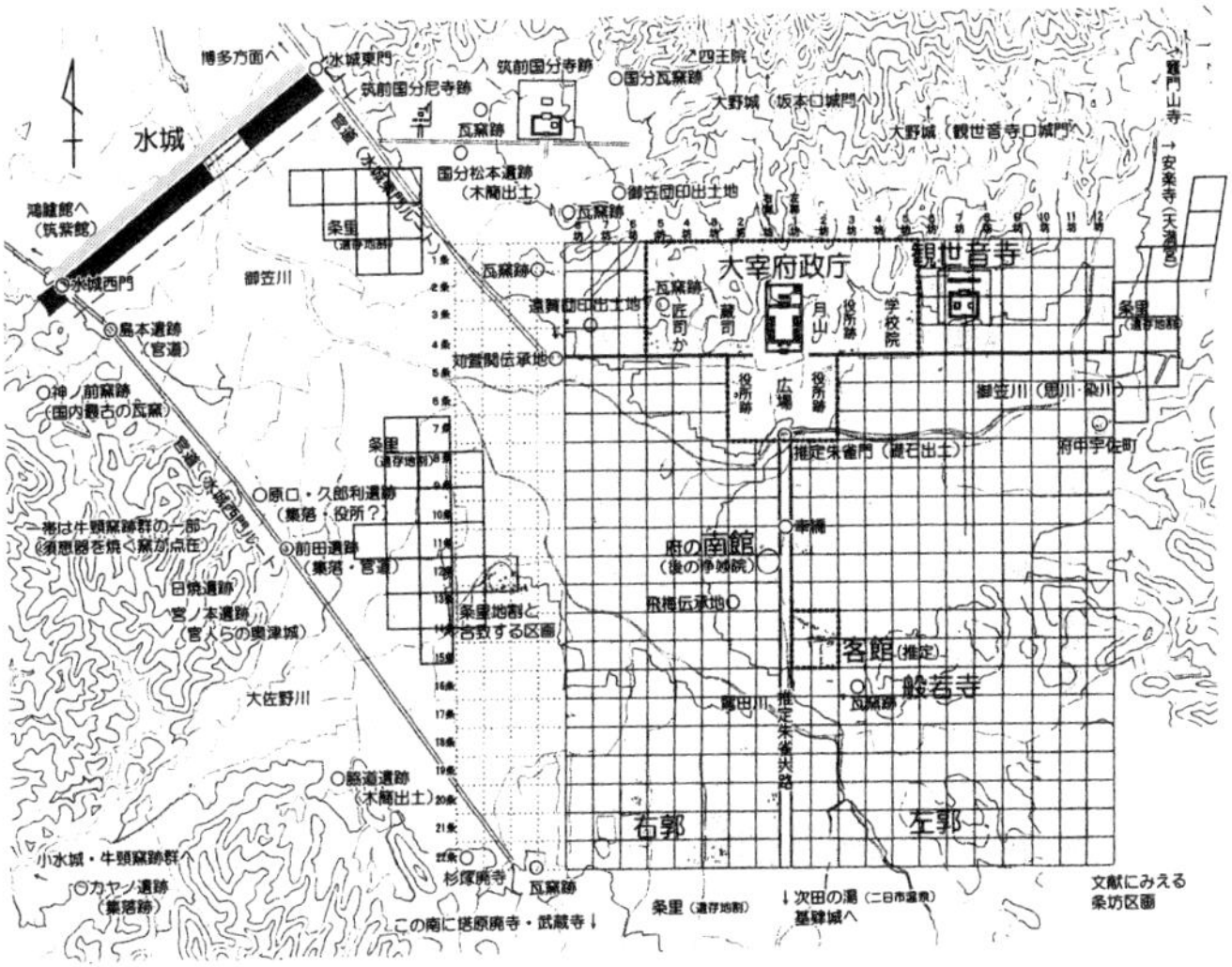

図19　大宰府条坊跡および周辺図（太宰府市教育委員会『大宰府条坊跡』44〈2014年〉）

「叙意一百韻」（同四八四）ではこれまでの生涯を振り返るとともに、到着時の混乱や衆人の環視と自身の虚脱ぶりが述べられている。脚もよたよたとしてあしなえの病にかかったようで、肥えていた皮膚には辛苦の皺《しわ》が深く刻み鏤《ちりば》められ、精気に溢れていた魂魄《こんぱく》もすりへらしつくされたようだという。ただ、「村翁、往事を談《かた》れば、客館に留連することを忘る」と、讃岐守時代の白頭翁《はくとうおう》との交流のような、地元の人々との交わりのなかで気が休まる場面もあった。しかし、延喜二年（九〇二）作の「二月十九日」（同四九九）では、「柳も無く、花も無く、鶯《うぐいす》をも聴かず。春に入りてよりこのかた、五十日、未だ一事の春の情を動かすことを知らず」とあって、晴れない気持ちが続いていたことがわかる。

やや珍しい出来事としては、大宰府の大唐通事李彦環《だいとうつうじりげんかん》と知己になり、唐商人が留置していった竹床子《ちくしょうじ》（机に似た腰掛）、竹の骨格の縄床《じょうしょう》（胡牀《こしょう》。縄を張った簡単な椅子）をもらい、「一銭を費さずして、唐物を得たり」と、まんざらでもない気分を表している（同五〇一）。李彦環は宇多天皇が相見した李環（梨懐《りかい》）に比定されるから、ここには宇多の人脈が作用したところがあるのかもしれない。こうした新しい交流もあったが、延喜二年に大内記小野美材《みき》が死去したときには、この年正月二十六日に参議になった紀長谷雄以外には詩臣《ししん》と呼べる存在はなく、御用学者ばかりになっている状況を愁《うれ》えたりもしている（同五〇二）。

「少き男女を慰む」（同四八三）によると、道真には幼少の男女が随行していたようである。「秋夜」（同五〇三）の分註には「童子は小男が幼き字、近曽夭亡《ようぼう》す」とあるので、延喜二年頃には男子のうちの一人が死亡したことがわかる。

道真自身も「床の頭に展転して、夜深更なり」と、眠れない様子で（同五〇三）、「官舎幽趣」（同五〇四）、「風雨」（同五〇七）では、入手したいものが得られない、屋舎の破損も修理できないという厳しい生活がかいまみられる。

「偶作」（同五一三）には、「病ひは衰老を追ひて到る、愁へは謫居を趁《もと》めて来る、此の賊、逃るるに処なし、観音、念ずること一廻」と見え、病弱ぶりが示唆される。「雨夜」（同五〇〇）によると、脚気《かつけ》とかさ・できもの、そしてストレスに由来する胃痛などが道真を苦しめたようである。

道真の死

「叙意百韻」（同四八四）では都への召喚を期待するとともに、自分の魂は帝京を望んで、骨はこの鎮西《ちんぜい》の地に葬られるであろうと、諦観もみられるところである（『北野天神御伝』も参照）。「家書を読む」（同四八八）では都の家族のくらしぶりを心配している。

こうしたなか、延喜三年二月二十五日に道真は五十九歳で死没する。後世の『筑前国続風土記《ふどき》』には轜車《じしゃ》（葬送用の車）が安楽寺の地で動かなくなったので、ここを廟所《びょうしょ》としたとあり、この地が現在の太宰府天満宮につながっていく。

道真の最後の詩作は「謫居の春雪」（同五一四）で、

城に盈《み》ち郭に溢《あふ》れて幾ばくの梅花ぞ、なほしこれ風光の早歳の華。雁《かり》の足に黏《ねやか》り将《い》ては、帛《きぬ》を繋けたるかと疑ふ、烏《からす》の頭に点《さ》し著《つ》きては、家に帰らむことを思ふ

とあり、十一歳のときの梅花の作詩に対応するもので、梅花は道真を象徴するものとしてふさわしい。下の二句は中国の故事に依拠する内容で、匈《きょう》奴《ど》（モンゴル系の騎馬民族）に

捕らわれた漢《かん》の蘇武《そうぶ》、秦《しん》王に捕らわれた燕《えん》の太子丹《たいしたん》がそれぞれ帰還できた話をふまえているので、道真はやはり都に戻ることを切望していたと考えられる。

なお、『菅家後集』の奥書（前田家甲本、水戸彰考館本）には、

西府新詩一巻、今、後集と号す。薨《こう》に臨みて封緘《ふうかん》し中納言紀長谷雄に送る。長谷雄これを見て、天を仰ぎて歎息《たんそく》す。大臣の藻思《そうし》絶妙にして、天下無双なり。卿相の位に居ると雖《いえど》も、風月の遊を抛《なげう》たず。凡そ厥の文章は多く人口に在り。後代文章を言ふ者、菅家を推さざる莫《な》からん。

とあり、最後に道真が憑《たの》みにしたのは紀長谷雄であったようである。ここでは長谷雄に仮託して道真の詩文の比類なきことが強調されており、道真はたしかに文史の巨人であった。

怨霊になった道真

道真の死後数年は何事もなく経過したが、延喜九年（九〇九）四月四日に時平が三十九歳で薨去した際には、道真の怨霊が云々されている（『扶桑略記』）。三善清行の男浄蔵《じょうぞう》が病気平癒の加持《かじ》（祈禱）をしていたところ、道真の霊が白昼に姿を現し、左右の耳から青龍を出現させて、清行に対して、「尊閣《そんかく》（清行のこと）の諷諫《ふうかん》を用ゐざれば、左降の罪に坐《ざ》さんや。今、天帝の裁許を得て怨敵を抑へんと欲す」と述べ、浄蔵の加持をやめさせるように告げたので、浄蔵は退出し、時平は薨じたという。ここでは時平が道真の「怨敵」と位置づけられており、『大鏡』では時平の子

孫が途絶・零落する様子を綴《つづ》り、時平の子権中納言敦忠《あつただ》は「我は命みじかき族なり」と称したとある。ただし、『扶桑略記』の記事の出典は「已上は伝なり」とあり、浄蔵伝によるもので、ここには時平悪人説や醍醐天皇堕地獄説話など、道真の左降を彼らに帰そうとする作為もみられ、必ずしも確説とはなしがたいところもある。延喜八年十月七日に死去した藤原菅根に関しては、特段に怨霊云々の話はない。

しかしながら、道真の怨霊跋扈《ばっこ》を思わせる出来事はさらに醍醐天皇周辺にも迫る。延喜二十三年三月二十一日に藤原穏子所生の皇太子保明《やすあきら》親王が二十一歳で薨じたときには、「世を挙げて云く、菅帥霊魂宿忿《しゅくふん》の為す所なり」と評されている（『日本紀略』）。四月二十日には道真に右大臣を遺贈、正二位に昇叙させ、左降の宣命を焼却するという措置も講じられた（『政事要略』巻二十二）。さらに閏四月十一日には年号が延長と改められており、『江談抄《ごうだんしょう》』の逸話には源公忠《きんただ》（光孝源氏）の夢告に紫袍《しほう》を着た冥官《めいかん》（冥界の官人）が現れ、「延喜の主の所為《しょい》尤《もっと》も安からず」と述べ、改元を勧告したとある（同巻三―二二）。これは三歳で立太子した時平の女仁善子《よしこ》所生の慶頼《よしより》王の無事を祈願するものとされるが、こうした尽力もむなしく、王は延長三年（九二五）六月十九日に疱瘡《ほうそう》（天然痘）で死去してしまう（五歳）。『大鏡』には十月二十一日に立太子した寛明《ゆたあきら》親王（朱雀天皇。穏子所生）は、

このみかど生まれさせたまひては、御格子《みこうし》もまゐらず、夜昼火をともして、御帳《みちょう》の

図20　雷神となって清涼殿で時平と対峙する道真（『北野天神縁起絵巻』北野天満宮所蔵）

> 内にて三つまでおほしたて奉らせたまひき。北野におぢ申させたまひて、かくありしかぞかし。

とみえ、道真の怨霊に怯《おび》える生活であったという。

そして、延長八年六月二十六日の清涼殿《せいりょうでん》への落雷と侍臣《じしん》の焼死である（『日本紀略』、『扶桑略記』裡書）。清涼殿では六十四歳の大納言藤原清《きよ》貫《つら》（保則《やすのり》の四男）の衣が焼け胸が裂けて夭亡、右中弁平希世《まれよ》も顔が焼けて臥死した。紫宸殿《ししんでん》でも右《う》兵衛佐《ひょうえのすけ》美努忠包《みののただかね》は髪が焼けて死亡、紀蔭連《きのかげつら》は腹が燔《や》けて悶乱し、安曇宗仁《あずみのむねひと》は膝が焼けて臥死している。清貫の遺体は半蔀《はじとみ》（格子戸）に載せて運び出し、陽明門の外で車に載せる、希世は同様に修明門《しゅうめいもん》外で車に載せる、両家の人々が乱入し、哭泣《こっきゅう》の声が満ち、制止することができない大混乱の様相を呈した。

ちなみに、『大鏡』には、時平の逸話として、

又北野の、神にならせたまひて、いと恐しく雷のなりひらめきて、清涼殿に落ちかかりぬと見えけるに、本院のおとど、太刀を抜きさけて、「生きても我が次にこそものしたまひしか、今日神となりたまへども、この世には、われに所おきたまふべし。いかでかさらではあるまじき」と、にらみやりてのたまひけるに、一度はしづまらせたまへりけるとぞ。王威のかぎりなくておはしますによりて、理非をしめしたまへるなり。

とある。今回の清涼殿落雷事件のときには時平はすでに死去していたので、別件であろうが、左大臣と右大臣という上下関係から、道真の怨霊を抑制しようとしたという。ただ、時平死去時の上述の状況、また今回の件を含めて、道真が醍醐天皇の王威に服したか否かも、異なる話があるので不審とせねばならない。

醍醐天皇堕地獄説話

この落雷事件に衝撃をうけたのか、醍醐天皇は不予《ふよ》（病気）になり、七月二日に清涼殿から常寧殿《じようねい》に移坐するも、回復せず、九月二十二日に寛明親王（朱雀天皇。時に八歳）に譲位し、四十六歳で崩御してしまう。しかし、道真の怨みはさらにすさまじく、死後の醍醐天皇にも及んでいる。すなわち、『扶桑略記』天慶《てんぎよう》四年（九四一）三月条所引「道賢上人冥途記《どうけんしょうにんめいどき》」によると、大和国吉野の金《きん》

峯山《ぶせん》で修行中の僧道賢が仮死状態になって、「我は是れ上人本国の菅相府なり」と称する太政威徳天《だじょういとくてん》に出会い、災厄の由来を告げられたとある。

太政威徳天（道真）はいう、「我ら成仏せざるよりの外、何時か此の旧悪の心忘れんや。もし我れ世に在りし時帯ぶる所の官位に居る者有らば、我れ必ず傷害せしめむ」と。また延長八年の落雷事件については、天火第三使者の火雷天気毒王の仕業で、「我れ延喜王の身肉六府を悉《ことごと》く爛壊《らんえ》するなり。爾《それ》に因《よ》りて彼の王遂に命終はれり」「我れ延喜王独り其の殃《おう》を受く、譬《たと》へば衆川の水、一大海に容《い》るるが如きなり」と、醍醐天皇に対する怨恨《えんこん》が強調されている。そして、日蔵《にちぞう》と改名した道賢が夢で地獄の様子をうかがったところ（「日蔵夢記」）、鉄窟があり、そこには衣を着た者が一人、裸袒《らたん》の者が三人いて、着衣しているのは「上人本国の延喜帝王なり」で、三人はその臣下であるという（源光、藤原定国、藤原菅根か）。

この醍醐天皇堕地獄説話では、辛苦する醍醐天皇が日蔵に朱雀天皇や藤原忠平に救済を求める伝言を付託するところが重要であり、道真の怨霊云々の流布には忠平の関与を想定し、怨恨の矛先を摂関家には向けさせない、あるいは摂関家が一番の対象ではないことを示すために作られた可能性が高いとする見解が呈されている。道真は無罪を天帝に訴えていたとする言説もあるが（『江談抄』巻六―四五「聖廟の西府の祭文、天に上る事」）、いずれにしても道真左降に果たした醍醐天皇の役割に起因するものとしてふさわしいとも指摘されている。

神への転換

では、忠平（八八〇〜九四九年）は道真と親密であったかといえば、昌泰の変当時は二十二歳、『公卿補任』では前年に参議を辞退し、前参議になったとあるが、時平の死後に権中納言として公卿に復帰しており、道真孫の源順《じゆんし》子との間に長男実頼《さねより》（昌泰三年〈九〇〇〉生）を儲けているものの、道真との関係は不明である。ただ、忠平も道真の怨霊に恐怖を抱いていた。すなわち、摂関家本流となる子息の師輔《もろすけ》（道長の祖父）が著した『九条殿遺誡』には、

貞信公《ていじんこう》の語に云《いわ》く、延長八年六月廿六日、清涼殿に霹靂《へきれき》せしの時、侍臣色を失ひき。吾心《わがこころ》の中に三宝に帰依して、殊《こと》に懼《おそ》るところなかりき。大納言清貫、右中弁希世、尋常は仏法を敬《いやま》はず。この両人すでにその妖《わざわい》に当りつといへり。これをもて謂はば、帰真の力尤《もっと》も災殃《さいおう》を逃る。

とあり、貞信公＝忠平が教命を下す場面が描かれている。忠平は仏法の加護で無事であったというが、法性寺《ほうしょうじ》に大威徳明王（大威徳天）を含む五大明王を本尊とする五大堂を造営し、道真の祟《たた》りの恐ろしさは心に刻まれていたので、こうした話が九条流に伝来するのであろう。

なお、そのほか、延長五年十月には道真の子大和守兼茂に道真の霊が朝廷に大事があること、それが大和国で起きることを伝えたとあり（『扶桑略記』）、何らかの託宣が示されたようであるが、内容や関連する事件は不明で、親族のみへの伝達であった。この兼茂に関しては、『将門記《しょうもんき》』天慶二年（九三九）十二月条の平将門《たいらのまさかど》が新皇として即位する場面において、八幡大菩薩《はちまんだいぼさつ》が、

朕が位を蔭子《おんし》平将門に授け奉る。その位記は、左大臣正二位菅原朝臣の霊魂表すらく、

（下略）

と、道真が八幡神の配下にあるとする話との関連も指摘されている。

道真の子息は景行が常陸介、旧風《ふるかぜ》が武蔵介、そして兼茂が常陸介と、坂東諸国の国司に任じられている。兼茂は承平《じょうへい》四年（九三四）～七年が任期であったと思われ（『政事要略』巻二十七所収勘解由使《かげゆし》勘判抄・別納租穀の天慶元年判）、『将門記』に常陸掾として登場する藤原玄茂《はるもち》が常陸介菅原兼茂と将門即位の関係を媒介したのであり、朝廷や将門が国家に反乱する契機となった常陸介藤原維幾《これちか》捕縛事件など受領国司への不満を道真の霊魂に代弁させたのではないかとされるゆえんである。

ちなみに、道真の大宰府の墓所である安楽寺は、『最鎮記文《さいちんきぶん》』所収の貞元《じょうげん》元年（九七六）十一月七日付太政官符に引かれる同年六月十日付菅原文時《ふみとき》等奏状によると、延喜年中

に味酒《うまざけの》安行《やすゆき》が建立したものであるとみえるが、確実なところでは『東寺文書』甲号外「安楽寺別当次第」には、天暦元年（九四七）八月十一日に僧平忠《へいちゅう》が別当に補され、以後道真の子孫が別当になるものとされ、天暦九年十月二日に二代目別当となった鎮延《ちんえん》からは官符によって補任されるようになる。この鎮延が兼茂の子であり、兼茂の系統に道真の崇拝に関わる人物が出たことには注目しておきたい（初代の平忠は淳茂《あつしげ》の子で、淳茂と兼茂は通字から考えて同母兄弟か）。以上はいずれも忠平の執政下に起きた事態であり、忠平の頃から道真への崇敬が始まる様子がうかがわれる。

天神様の誕生

さて、都でもやはり忠平執政下の天慶三年頃から道真の奉祀が始まっている。七月十六日に道真の霊が「あやこ」に託宣して、右近馬場《うこんのばば》に出現したといい（「禅昌《ぜんしょう》公事《くじ》社法書抜《しゃほうかきぬき》」北野天満宮所蔵）、当地は右近衛大将であった道真の活動と関連する場所である。別の伝承では、天慶五年七月十二日に道真の霊が右京七条二坊十三町に住む多治比奇子《たじひのあやこ》（文子）に託宣したとあり、奇子はすぐに神殿を造営することができず、自分の住居近くに祠《ほこら》を構えたと記されている（『北野天満自在天神宮創建山城国葛野《かどの》郡上林《かむつはやし》郷縁起』）。

ただ、『本朝世紀《ほんちょうせいき》』天慶八年七月二十八日条にみえる志多羅《しだら》神事件においては、筑紫の神輿三基が多数の民衆に担送され、摂津国河辺《かわべ》・豊島・島上・島下の諸郡を経て、石清水《いわしみず》八幡宮《はちまんぐう》に移座したといい、そのうちの一基は「文江自在天神」で、『吏部王記《りほうおうき》』天慶八年八月二日条にも「其の一、鳥居の額在り、題に云く、自在天神と。即ち故右大臣菅公の霊なり」とあるので、道真の霊が「自在天神」と認識されており、八幡神とも結合するものであったことがわかる。上述の『将門記』の記載には、こうした状況が反映されているのではないかと思われる。なお、『北野天神御伝幷御託宣集』所収「最鎮記文」によると、北野神社創建の由緒をめぐっては、天台僧である最鎮と多治比奇子らとの対立もあったようである。

その後、天暦元年（九四七）六月九日には、ついに道真の祠が北野に建立された（『北野天満自在天神宮創建山城国葛野郡上林郷縁起』）。上述のように、この年には僧平忠が安楽寺別当になっているので、都と大宰府の両地で道真の顕彰が始まる時宜になった。『菅家御伝記』では外記《げき》日記を引用して、一条天皇の永延元年（九八七）八月五日に「北野聖廟」の祭祀が始まったとするが、『二十二社註式』によると、康保《こうほう》三年（九六六）閏八月の止雨のための十六社奉幣には北野神社は含まれておらず、正暦《しょうりゃく》二年（九九一）六月の祈雨奉幣では吉田・広田・北野を加えて十九社になったとみえるので、いずれにしても一条朝に北野神社の格式が確立していくものと考えられる。『小右記《しょうゆうき》』永祚《えいそ》元年（九八九）三月十九日条には、北野天満天神が一条天皇の生母藤原詮子《せんし》に寄託して行幸を求めたといい、五月十八日条には伊勢以下、北野を含む十一社に奉幣したことが記されている。

正暦四年五月七日には臨時の御祈《おいのり》により伊勢・石清水・賀茂・平野・稲荷・北野に奉幣したとあり（『日本紀略』）、北野神社の格式が知られる。こうした奉幣とともに、この年の五月二十日には道真に左大臣正一位を贈り、勅使菅原幹正《みきまさ》が大宰府に下向している。さらに閏十月二十日には太政大臣を追贈し、道真は人臣の職を極めた（『政事要略』巻二十二）。これは内大臣藤原道兼《みちかね》に対して、時平の贈太政大臣と同様にしてほしいという道真の夢告《ゆめのつげ》があったことによるものである（『小右記』正暦四年閏十月六・十九・二十日条）。そして、寛弘元年（一〇〇四）十月二十一日にはついに一条天皇が北野神社に行幸しており（『日本紀略』）、道真の希望はすべて叶えられることになる。

『北野天神縁起』には一条朝には内裏焼亡が多く、これが北野行幸につながったとあるが、雷神としての道真への畏怖《いふ》、忠平・師輔の頃からの道真の神格化進展、また一条天皇こそが九条流・御堂《みどう》流が摂関家として定立する起点であり、怨霊である道真を自家の守護神に転化する努力が払われたことが大きいと思われる。道真の事績に関わる阿衡《あこう》事件や左降・復位関係の史料を所載する『政事要略』は一条朝の惟宗允亮《これむねのまさすけ》の編纂であり、それはこうした時代相と合致するものである。こうして道真は神に昇華し、今日につながる天神信仰が展開していくのである。

学問の神

最後に道真が学問の神として崇敬される過程にもふれておきたい。『本朝《ほんちょう》文粋《もんずい》』巻十の詩序には「聖廟」の部立があり、北野神社の奉祀と並行する形で、安楽寺、北野神社、清公《きよきみ》《とも》が創立し、幼時に病弱であった道真が観音の力によって病を克服したとして奉斎される洛外の吉祥院《きっしょういん》（『文草』巻十一―六五〇）など、道真の廟所において作文・漢詩の会が催されたことが知られる。

康保元年（九六四）安楽寺での小野好古《よしふる》の詩宴…源相見《すけみ》「初冬、菅丞の廟に陪し、同じく籬菊に残花有るの詩を賦するの序」（『本朝文粋』巻十一）

寛和《かんな》二年（九八六）北野…慶滋保胤《よししげのやすたね》「菅丞相《かんしょうじょう》の廟を賽《まつ》る願文」（『本朝文粋』巻十三）

長保《ちょうほう》元年（九九九）吉祥院…大江以言《おおえのもちこと》「三月尽日、吉祥院の聖廟に陪し、同じく古廟の春、方に暮るるを賦す」（『本朝文粋』巻十）

寛弘元年（一〇〇四）北野…高階積善《たかしなのつねよし》「七言、九月尽日、北野の廟に侍りて各々一字を分かつ」（『本朝文粋』巻十）

そのほか、『本朝続文粋』巻八にも藤原明衡《あきひら》（聖廟〈北野か〉）、藤原敦基《あつもと》（吉祥院）、大江匡房《まさふさ》（安楽寺）などの作詩などがある。

これらのうち、慶滋保胤の願文には、「其れ天神は文道の祖・詩境の主為るなり」とあり、道真を学問・詩文の神と崇拝する文言がみえている。『本朝文粋』巻十三「北野天神供御幣《くごへい》幷種々物文」は寛弘九年六月二十五日、正四位下式部大輔《だいぶ》兼文章博士《もんじょうはかせ》大江匡衡《まさひら》の作、彼はこの年に六十一歳で死去するが、病のなか、北野神社に上紙百帖・色絵馬三疋《き》、長櫃《ながひつ》と中折櫃《なかおりびつ》に入れた供物《くもつ》、走馬十列《はしりうまとつら》を奉納している。ここでは、

天満自在天神は或は天下を塩梅《あんばい》し、一人《いちにん》を輔導し、或は天上において日月として万民を照らし臨む。就中文道の大祖、風月の本主なり。

と崇敬されており、文章博士の後輩からも斯道《しどう》の神として仰ぎ見られる存在であったことがわかる。

そのほか、鎌倉時代中期の橘成季《たちばなのなりすえ》撰の説話集『古今著聞集《ここんちょもんじゅう》』（巻五―一一〇・一二〇・一二二）には、白居易《はくきょい》とともに道真が文学的権威の双璧をなすものと位置づけられていたと目され、上述の醍醐天皇の道真の文集に対する評価と合わせて、道真は唐の詩人とも匹敵する最高の文人の地位に押し上げられていく。ここには天神信仰の一つの柱である学問の神としての道真像が定着する様相をかいまみることができよう。

その後の菅原氏——エピローグ

道真以降の菅原氏は延喜十三年（九一三）に四十八歳で死去する高視《たかみ》の家系が長く文《もん》章博士《じょうはかせ》の地位を継承し、鎌倉時代以降にはいくつかの家に分かれていく。ただし、摂関期には唯一菅原輔正《すけまさ》が参議に昇進しているものの、議政官としての活躍はなくなり、諸国の守に任じられる程度、四・五位の諸大夫の家格に収斂《しゅうれん》している。これは菅原氏だけでなく、文章科出身者が参議に昇進する道が限定され、藤原氏・源氏、そして大江氏など摂関家につながりのある者のみが可能になるという現実があった。

道真の後裔《こうえい》のなかでは、菅原文時《ふみとき》が『本朝文粋《ほんちょうもんずい》』巻二・意見封事に天暦十一年（九五七）十二月二十七日封事三箇条を捧呈しており、時に従五位上右少弁の文時は、天暦八年七月二十七日の要請に依拠して、「臣素《もと》より政道の要に達せず、ただ空しく儒士の名を窃《ひそ》かにす」であるが、「遂に罪を忘れて敢へて狂言を献ず」というものである。「奢侈《しゃし》を禁ずることを請ふ事」「売官を停めんことを請ふ事」「鴻臚館《こうろかん》を廃失せず遠人を懐《な》つけ文士を励ますことを請ふ事」の三箇条で、三善清行《みよしのきよゆき》の意見封事十二箇条（延喜十四年）のような社会・政治の動向をふまえて、具体的な対策を建言するものではない。封事の要請からかなり時間を経ており、第一と第二の項目には具体論を看取できない。第三の項目は渤海《ぼっかい》も滅亡（九二七年）して久しく、外国使人が来日することが期待できないなかで、「文章は経国の大業」というフレーズに依存し、文士の詩の交歓の役割に備えた研鑽《けんさん》の拠り所として、鴻臚館を維持すべきことを訴え、多少なりとも紀伝道《きでんどう》の気概を示すものである。

文章博士の要務である勘申《かんじん》に関しては、元永元年（一一一八）に宋商人の孫俊明《そんしゅうめい》・鄭《てい》清《せい》がもたらした宋の国書に対して、「此の書、旧例に叶ふや否や、諸家に命じてこれを勘《かんが》へしむ」となったとき、従四位上式部大輔菅原在良《ありよし》が「隋書以来本朝に献ずる書例」を勘申しているのが注目される（『善隣国宝記』）。この元永元年勘文は当時日本に存在した外交文書の一端を知る貴重な史料になる。ほかには中原師安《なかはらのもろやす》・広忠《ひろただ》、清原信俊《きよはらののぶとし》、中原師遠《もろとお》・広宗《ひろむね》ら外記《げき》と思しき面々も勘申を行っているが、ともかくも先例の勘申能力とそれを支える国書の参酌《さんしゃく》（照らしあわせること）・分析など、紀伝道に生きる菅原氏の博学ぶりの一端をうかがうことができる。こうしたところに「菅家廊下」の余慶《よけい》があり、公家社会の一隅に菅原氏が相応の位置を得ることになるのであろう。

文才という点では、摂関期の菅原孝標《たかすえ》の女《むすめ》は『更級日記《さらしなにっき》』を著し、日記文学の作品で文学史に名をとどめている。当時の文人は意外に婚姻関係がつながるところがあり、『蜻《かげ》蛉《ろう》日記《にっき》』の藤原道綱《みちつな》の母、『枕《まくらの》草《そう》子《し》』の清少納言、『源氏物語』の紫式部などとも複雑な縁故があったことがわかる。ただ、学問の家の維持の面では、世襲化にともなう弊害もあった。『本朝文粋』巻六 長保《ちようほう》四年（一〇〇二）五月二十七日大江正衡《まさひら》奏状は、穀倉院の学問料支給を求めるものであるが、

菅原・大江両氏は、文章院《もんじよういん》を建立し、東西曹司《ぞうし》に分別し、其の門徒と為り、儒学を習ひて氏姓を著すの者、済済今に絶えず。それに

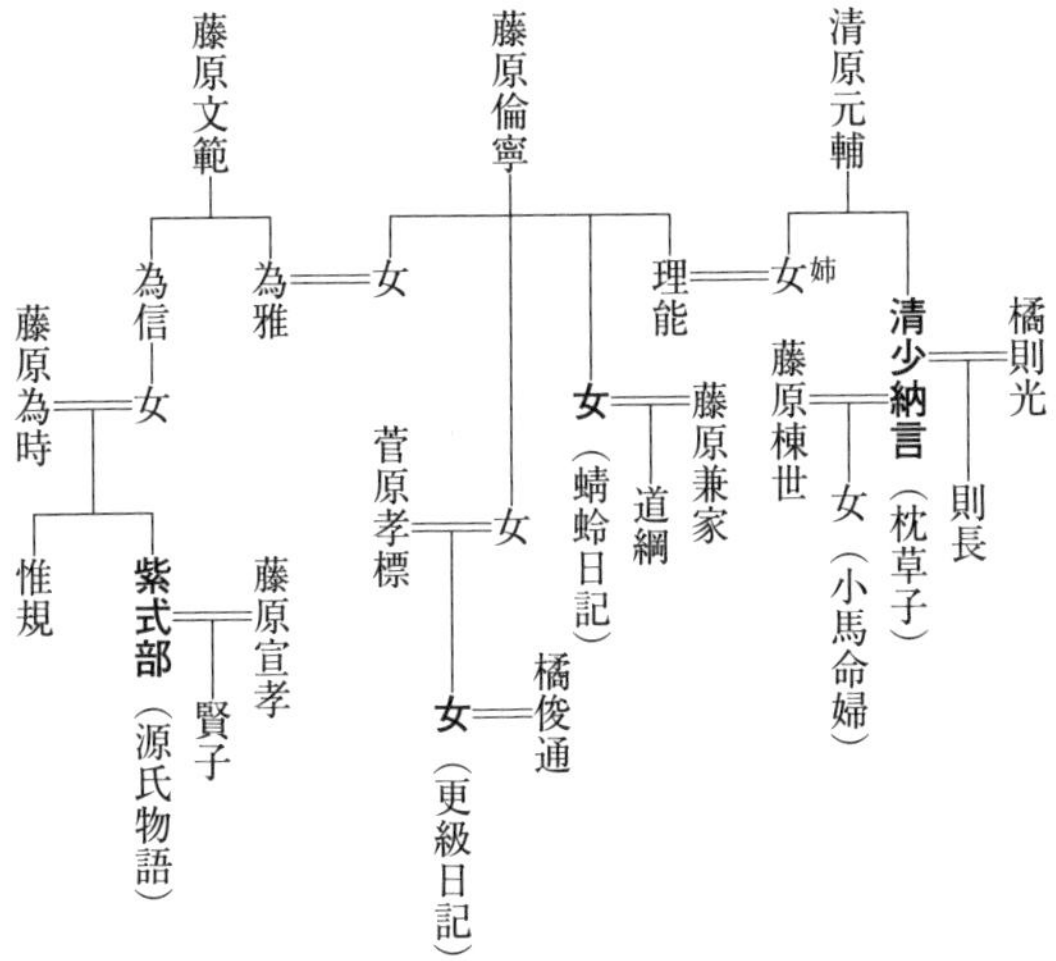

図21　女流作家とその父親たち（村井康彦『平安貴族の世界』下巻〈徳間書店，1986年〉140頁）

因《よ》りて此の両家の門業を伝ふるは、才・不才を論ぜず、年歯《としは》に拘《かかわ》らず。

とあり、両家の祖業継承のためには、子息の才能の有無や年齢は無関係であると述べられている。

これとは逆に、巻十二の藤原衆海《ひろみ》落書には、「貧居老生《ひんきょろうせい》」と称される衆海が、「菅・蔵は住まずして名先に改まり、桜・笠は長居して命終はるべし」と記し、菅原・大蔵《おおくら》氏は大学寮《りょう》に住まずに官職に就けるが、桜島《さくらじま》・笠《かさ》氏は長居したまま人生が終わってしまうだろうと嘆息しており、桜島忠信《ただのぶ》は落書の文章が認められて大隅守になったという事例もあったが、他氏の者が紀伝道から出仕するのが困難になっていく様子がうかがわれる。それでも累代の儒者としての菅原氏は続いていかねばならないのであり、その礎を強固なものにした一人としての菅原道真の生涯をたどる検討をこのあたりで終えることにしたい。

関係人物略系図

＊天皇名の右肩の数字はこの系図での即位順を示す。

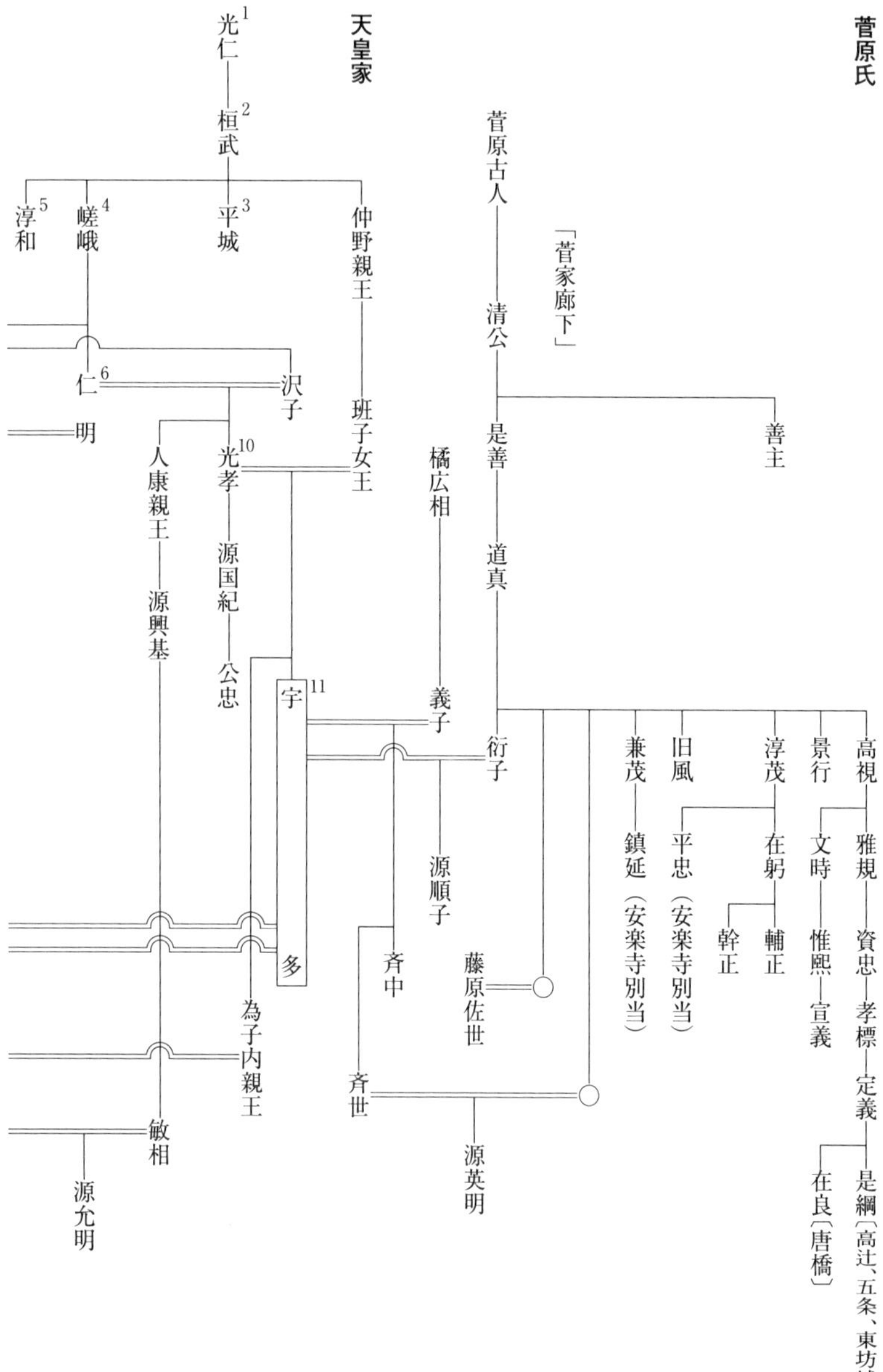

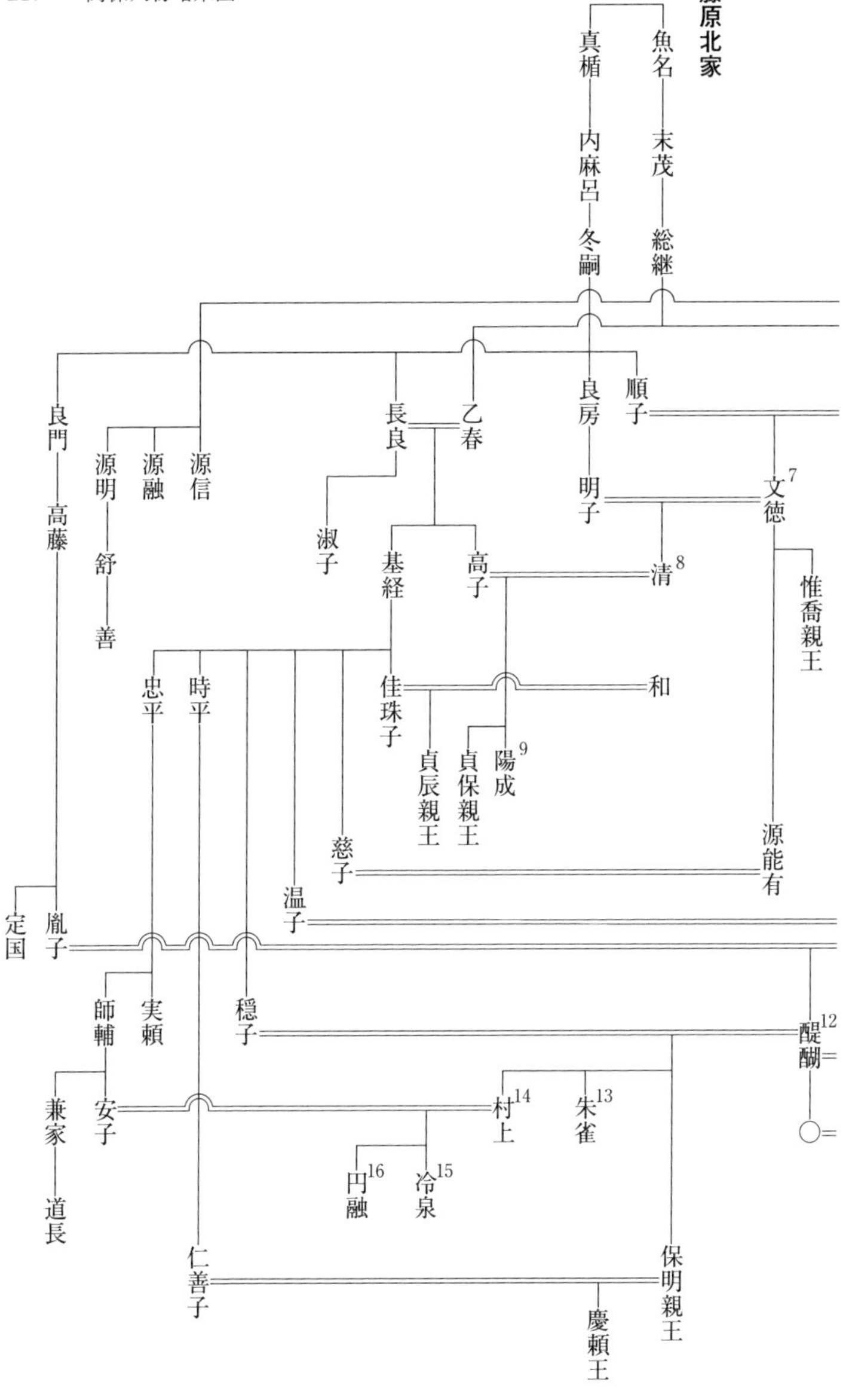

藤原北家
魚名
末茂
総継
真楯
内麻呂
冬嗣
順子
良房
明子
文徳7
惟喬親王
源能有
清和8
陽成9
貞保親王
貞辰親王
乙春
長良
高子
基経
佳珠子
淑子
慈子
温子
穏子
時平
忠平
実頼
師輔
安子
兼家
道長
仁善子
源信
源融
源明
舒
善
良門
高藤
胤子
定国
醍醐12
朱雀13
村上14
冷泉15
円融16
保明親王
慶頼王

菅原道真略年譜

年号	西暦	年齢	事　項
承和12年	845	1	この年，道真誕生
斉衡２年	855	11	春，初めて漢詩を詠む《文草１》
天安２年	858	14	８月，清和天皇が践祚，藤原良房が摂政に《文草２》
貞観元年	859	15	元服《文草636（刑部福生）》
２年	860	16	《文草３》
３年	861	17	文章生試に備えて是善が毎日七言十韻を課する《文草４～７》
４年	862	18	５月，文章生になる《文草８，522（省試当時瑞物賛六首）》
５年	863	19	《文草637（源能有）》
６年	864	20	《文草９，10，529，638（大枝豊平・真岑）》
７年	865	21	《文草11～13，524（祭連聡霊文），639（平子内親王）》
８年	866	22	秋，応天門の変《文草17，18，20，21，22?，551（安慧），583，610（藤原氏宗）》
９年	867	23	正月，文章得業生になる．２月，下野権少掾《文草15?，24～26，28，29，40，531，535（常康親王）》
10年	868	24	《文草14?，16?，27，30～36，48，49，530，532，533，640，641（惟喬親王）》
11年	869	25	《文草19，41～47，642（安倍宗行〕》
12年	870	26	５月，対策及第《文草23?，37～39，50～60，534，566，567，584》
13年	871	27	正月，玄蕃助．３月，少内記《文草61～65，611～613（藤原良房），643（温明殿女御源厳子）》
14年	872	28	正月，存問渤海使になるも，母憂により解官《文草569，570，585・586（源生），614（善淵貞永），615（藤原基経）》
15年	873	29	《文草66?，553，568，571，644（藤原基経），645（藤原清瀬）》
16年	874	30	正月，従五位下，兵部少輔．２月，民部少輔《文草67～69，616～618（惟喬親王），646（源湛）》
17年	875	31	《文草70?，521（吉祥院鐘銘），619（忠良親王）》
18年	876	32	11月，陽成天皇即位，藤原基経が摂政に《文草72～76，589（正子内親王），620（藤原基経），647（安倍貞行），648（南淵年名）》

年号	西暦	年齢	事　項
元慶元年	877	33	正月，式部少輔．10月，文章博士《文草77，78，587（藤原山陰），621（南淵年名）》
2年	878	34	《文草71，79，80，535，588・590?（正子内親王）》
3年	879	35	正月，従五位上《文草81，82，84，89?，519（元慶寺鐘銘），554（日本文徳天皇実録序），556，572，577，622，623（藤原基経），634，649》
4年	880	36	8月，父是善が薨去《文草83?，558〜563?，591・592（源多），624（尚侍源全姫）》
5年	881	37	《文草650（吉祥院法華会願文），651（藤原明子）》
6年	882	38	《文草86，87，90，91，93〜99，520（源多），527（左相撲司標所記），593，625，626〜628（源多），652（故尚侍源全姫），653（坂上有識）》
7年	883	39	4〜5月，渤海使を接遇《文草88，92，100〜126，536，555，594〜596，635，654》
8年	884	40	光孝天皇即位，藤原基経が関白に《文草127〜147，557，597，598（在原行平）），655（藤原山陰），656（藤原邦直），657（藤原高経）》
仁和元年	885	41	《文草85?，148〜182，537，538，658（平遂良），669》
2年	886	42	正月，讃岐守になる《文草183〜213，659（源能有），660（源済子），662（宮道友兄）》
3年	887	43	8月，宇多天皇，践祚．11月，正五位下に昇叙．是年，阿衡事件が勃発《文草214〜240，661（源済子）》
4年	888	44	《文草241〜279，515，525（祭城山神文），676（奉昭宣公書）》
寛平元年	889	45	《文草280〜322，523?》
2年	890	46	春，讃岐守の任を終え帰京《323〜339，516，517，528，539，550，573・574（藤原基経）》
3年	891	47	正月，藤原基経薨去．2月，蔵人頭．3月，式部少輔兼任．4月，右中弁兼任．7月，岳父島田忠臣死去《文草340〜344，346〜355，540，541，599，600》
4年	892	48	正月，従四位下．12月，左京大夫兼任《文草345，356〜363，542，564，565，663，664》
5年	893	49	2月，参議・左大弁．3月，勘解由長官．4月，東宮亮《文草364〜375，526（書斎記），543，665（班子女王），670》

年号	西暦	年齢	事　項
6年	894	50	8月，遣唐大使《文草376～381，518?，544，545，601，633》
7年	895	51	5月，渤海使を接遇．10月，中納言・従三位．11月，東宮権大夫兼任《382～429，546，671》
8年	896	52	7月，検税使派遣の是非を論ず．8月，民部卿兼任．11月，女衍子が入内《文草430～437，547，575，576，602，603，604（藤原高藤），666（源湛・昇），677》
9年	897	53	6月，権大納言・右近衛大将．7月，醍醐天皇即位，藤原時平とともに内覧に．正三位，中宮（藤原温子）大夫兼任《文草438～444，548，605（藤原菅根を推挙），667（藤原淑子），668，672》
昌泰元年	898	54	この頃，女が斉世親王に嫁す《文草445～451，582，606，607，673，680》
2年	899	55	2月，藤原時平が左大臣・左近衛大将，道真は右大臣・右近衛大将に．3月，嫡室島田宣来子が50の算賀，従五位下を授けられる《文草452～467，549，578～581，608（藤原時平），629～632》
3年	900	56	8月，祖父・父と自身の家集を醍醐天皇に献上．10月，三善清行が「奉菅右相府書」を呈し，右大臣辞職を促す《文草468，609，674，675，後集469～475》
延喜元年	901	57	正月，従二位．大宰権帥に左降．2月，大宰府に赴く《後集476～493》
2年	902	58	《後集494～513》
3年	903	59	2月25日，死没《後集514》

(備考)《　》は賦詩・作文を示し，(　)は代作または捧呈対象の人物名．その他，適宜，注記した．出典の略称：文草＝『菅家文草』，後集＝『菅家後集』．詩文作成の年次は日本古典文学大系『菅家文草 菅家後集』（岩波書店，1966年）の「菅原道真年表」を参照し，「?」は比定年次に疑問が残ることを示す．

あとがき

本書では天神様として知られる菅原道真の生涯を解明しようとした。道真は累代の儒者の家に生まれ、詩人・詩臣を自認しながらも、彼の嫌う鴻儒としての役割を務めていくことになる。宇多天皇には数々の失策・失敗があり、この国の常として、下の者が責任を取ることが求められ、道真は諫臣として直言を行い、宇多天皇との大きな信頼関係を築くことができた。しかし、それゆえに大臣として頂点に立たされ、学閥の対立や貴種の人々の妬みをうけ、また年齢差や宇多太上天皇・法皇に仕える二君への奉仕などもあって、醍醐天皇には諫臣としての信頼を得ることができないままに昌泰の変で左降、大宰府での死を迎えたと要約されよう。

地方出身で、学者家系でもない筆者は究極の起家であり、争いを避け、閉じ籠もった春《はる》澄《ずみの》善縄《よしただ》のような終活の方に魅力を感じる。しかし、累代の道真は「三千門下」(『文草』巻四―二四五)を誇り、実際にも三善清行が中央官界に半ばするという「菅家廊下」出身者を数えるように（『政事要略』巻二十二）、背負うものが大きくのしかかり、破綻への道を選択せざるをえない状況であったことを自覚しつつの行動であったのであろう。そこに一人の人間としての面白さがあり、その生涯を縷々探る課題が浮上するのである。神としての昇華もその奮闘の結果であり、人物伝を考えるうえで興味深い素材といえる。

本書では本姓である土師氏の動向、父祖の活動、道真の学問形成、地方官としての治績や地方への眼差し、阿衡事件や寛平の治などの政治面、そして昌泰の変と死、天神信仰の成立など、さまざまな側面でその「正体」を詮索したので、学問の神の天罰が下るかもしれない。それに畏怖を抱きながら、あとがきに代えたい。

二〇二〇年五月三十日

森　公　章

参考文献

〔菅原道真の生涯〕
今　正秀『摂関政治と菅原道真』（吉川弘文館、二〇一三年）
坂本太郎『菅原道真』（吉川弘文館、一九六二年）
滝川幸司『菅原道真論』（塙書房、二〇一四年）
滝川幸司『菅原道真』（中央公論新社、二〇一九年）
谷口孝介『菅原道真の詩と学問』（塙書房、二〇〇六年）
所　功『菅原道真の実像』（臨川書店、二〇〇二年）
平田耿二『消された政治家　菅原道真』（文藝春秋、二〇〇〇年）
藤原克己『菅原道真』（ウェッジ、二〇〇二年）
森　公章「菅原道真左降事件」（佐藤信編『古代史講義【戦乱篇】』筑摩書房、二〇一九年）

〔道真の関係人物〕
井上　薫「菅原清公伝二題」（『続日本紀研究』八―九、一九六一年）
井上辰雄「菅原清公」『嵯峨天皇と文人官僚』（塙書房、二〇一一年）
岩田真由子「宇多・醍醐朝における天皇の親子意識」（『日本古代の親子関係』八木書店、二〇二〇年）

古藤真平「宇多天皇とその同母兄弟姉妹」(『文化学年報』六五、二〇一六年)
古藤真平『宇多天皇の日記を読む』(臨川書店、二〇一八年)
所　功『三善清行』(吉川弘文館、一九七〇年)
林　陸朗「古代史を貫く一本の家系」(『史学研究集録』一〇、一九八五年)
森　公章「地方豪族と人材養成」(『地方木簡と郡家の機構』同成社、二〇〇九年)

〔土師氏の職掌と活動〕

稲田奈津子『日本古代の喪葬儀礼と律令制』(吉川弘文館、二〇一五年)
上田正昭「楯節舞と檜前忌寸」「土師の舞人」(『日本古代国家論究』塙書房、一九六八年)
近江俊秀『平城京の住宅事情』(吉川弘文館、二〇一五年)
加藤謙吉「「野中古市人」の実像」(『大和政権とフミヒト制』吉川弘文館、二〇〇二年)
佐伯有清『新撰姓氏録の研究』考證篇第三(吉川弘文館、一九八二年)
鷺森浩幸「早良親王・桓武天皇と僧・文人」(『歴史のなかの東大寺』法蔵館、二〇一七年)
島根県古代文化センター『前方後円墳と東西出雲の成立に関する研究』(二〇一五年)
寺沢　薫『日本の歴史』02王権誕生(講談社、二〇〇〇年)
直木孝次郎「土師氏の研究」(『日本古代の氏族と天皇』塙書房、一九六四年)
奈良市教育委員会「菅原東遺跡の調査」(『奈良市埋蔵文化財調査概要報告書 平成三年度』一九九二年)
橋本義則「律令国家と喪葬」(『日本古代宮都史の研究』青史出版、二〇一八年)

服藤早苗「山陵祭祀より見た家の成立過程」(『家成立史の研究』校倉書房、一九九一年)
前川明久「贄土師韓竈考」(『日本古代氏族と王権の研究』法政大学出版局、二〇〇五年)
溝口優樹「土師氏の改姓と菅原・秋篠・大枝氏の成立」(『ヒストリア』二七〇、二〇一八年)
溝口優樹「政治的動向からみた土師氏の系譜」(『日本歴史』八四九、二〇一九年)
森　公章「二条大路木簡と門の警備」(『長屋王家木簡の基礎的研究』吉川弘文館、二〇〇〇年)
和田　萃「殯の基礎的考察」「ハニ・土師・古墳」(『日本古代の儀礼と祭祀・信仰』上、塙書房、一九九五年)

〔政治史、官制・学制など〕

相磯達夫「譲位宣命の基礎的考察」(『白山史学』四二、二〇〇六年)
大津　透「天皇の服と律令・礼の受容」(『古代の天皇制』岩波書店、一九九九年)
鴨野有佳梨「阿衡の紛議の経過についての再検討」(『史泉』一一九、二〇一四年)
鴨野有佳梨「阿衡の紛議における「奉昭宣公書」」(『日本歴史』八一六、二〇一六年)
岸野幸子「文章科出身者の任官と昇進」(『お茶の水史学』四二、一九九八年)
河内祥輔『古代政治史における天皇制の論理(増訂版)』(吉川弘文館、二〇一四年)
古藤真平「『政事要略』阿衡事所引『宇多天皇御記』」(『日本研究』四四、二〇一一年)
坂上康俊「関白の成立過程」(『日本律令制論集』下巻、吉川弘文館、一九九三年)
坂上康俊『日本の歴史』05律令国家の転換と「日本」(講談社、二〇〇一年)

坂上康俊『日本古代の歴史』⑤摂関政治と地方社会（吉川弘文館、二〇一五年）
佐々木恵介『天皇の歴史』03天皇と摂政・関白（講談社、二〇一一年）
佐藤全敏「古代天皇の食事と贄」（『平安時代の天皇と官僚制』東京大学出版会、二〇〇八年）
東海林亜矢子「母后の内裏居住と王権」（『平安時代の后と王権』吉川弘文館、二〇一八年）
高田義人「九・十世紀における技能官人の門流形成とその特質」（『日本古代の王権と東アジア』吉川弘文館、二〇一二年）
瀧浪貞子「陽成天皇廃位の真相」（『平安京とその時代』思文閣出版、二〇一〇年）
瀧浪貞子『藤原良房・基経』（ミネルヴァ書房、二〇一七年）
野田有紀子「日本古代における官人の学問的世界と政治的秩序」（古瀬奈津子編『律令国家の理想と現実』竹林舎、二〇一八年）
春名宏昭「草創期の内覧について」（『律令国家官制の研究』吉川弘文館、一九九七年）
藤木邦彦「藤原穏子とその時代」（『平安王朝の政治と制度』吉川弘文館、一九九一年）
古瀬奈津子「昇殿制の成立」（『日本古代王権と儀式』吉川弘文館、一九九八年）
堀　祐輔「得業生試制度からみた古代学制の変容」（『日本史研究』六八五、二〇一九年）
桃　裕行『上代学制の研究』（吉川弘文館、一九四七年）

〔国司制度、国府のあり方や地方支配・徴税のしくみ〕
泉谷康夫「任用国司について」「受領国司と任用国司」（『中世社会成立史の研究』高科書店、一九九二

年）
市　大樹「弘仁・天長の畿内国別当」（『日本古代都鄙間交通の研究』塙書房、二〇一七年）
弥永貞三「仁和二年の内宴」（『日本古代の政治と史料』高科書店、一九八八年）
大津　透「平安時代収取制度の研究」（『律令国家支配構造の研究』岩波書店、一九九三年）
大橋泰夫『古代国府の成立と国郡制』（吉川弘文館、二〇一八年）
香川県教育委員会『讃岐国府跡』１・２（二〇一六・一九年）
川尻秋生「院と東国」（『古代東国史の基礎的研究』塙書房、二〇〇三年）
川尻秋生『平将門の乱』（吉川弘文館、二〇〇七年）
坂上康俊「負名体制の成立」（『史学雑誌』九四—二、一九八五年）
佐々木恵介『受領と地方政治』（山川出版社、二〇〇四年）
佐藤恒雄「菅原道真「松山館」とその周辺」（和漢比較文学会編『菅原道真論集』勉誠出版、二〇〇三年）
竹中康彦「讃岐守菅原道真に関する一考察」（『古代中世の社会と国家』清文堂出版、一九九八年）
寺内　浩『受領制の研究』（塙書房、二〇〇四年）
二星　潤「九世紀における文人の国司任官」（『ヒストリア』二六七、二〇一八年）
春名宏昭「菅原道真の任讃岐守」（和漢比較文学会編『菅原道真論集』勉誠出版、二〇〇三年）
北條秀樹「文書行政より見たる国司受領化」（『日本古代国家の地方支配』吉川弘文館、二〇〇〇年）
三木雅博・谷口真起子「「行春詞」札記—讃岐守菅原道真の国内巡視—」（和漢比較文学会編『菅原道真論集』勉誠出版、二〇〇三年）

村井康彦「公出挙制の変質過程」（『古代国家解体過程の研究』岩波書店、一九六五年）
森　公章「九世紀の郡司とその動向」「雑色人郡司と十世紀以降の郡司制度」（『古代郡司制度の研究』吉川弘文館、二〇〇〇年）
森　公章『古代豪族と武士の誕生』（吉川弘文館、二〇一三年）
森　公章「国書生に関する基礎的考察」（『在庁官人と武士の生成』吉川弘文館、二〇一三年）
森　公章『平安時代の国司の赴任』（臨川書店、二〇一六年）
森　公章「菅原道真と寛平の治」（木本好信編『古代史攷論聚』岩田書院、二〇二〇年）
森田　悌『受領』（教育社、一九七八年）
森田　悌『研究史 王朝国家』（吉川弘文館、一九八〇年）
渡部明夫『讃岐国分寺の考古学的研究』（同成社、二〇一三年）
渡辺直彦「諸国検非違使・検非違所の研究」（『日本古代官僚制度の基礎的研究』増訂版、吉川弘文館、一九七八年）

〔遣唐使、対外関係〕
石井正敏「『日本紀略』」（『国史大系書目解題』下巻、吉川弘文館、二〇〇一年）
石井正敏「寛平六年の遣唐使計画について」「寛平六年の遣唐使計画と新羅の海賊」（『遣唐使から巡礼僧へ』勉誠出版、二〇一八年）
榎本淳一「「国風文化」と唐文化」「遣唐使と通訳」（『唐王朝と古代日本』吉川弘文館、二〇〇八年）

東野治之「遣唐使の朝貢年期」（『遣唐使と正倉院』岩波書店、一九九二年）
村井章介『東アジア往還』（朝日新聞社、一九九五年）
森　公章『遣唐使と古代日本の対外政策』（吉川弘文館、二〇〇八年）
森　公章『遣唐使の光芒』（角川学芸出版、二〇一〇年）
森　公章「寛平度遣唐使再説」（『白山史学』五〇、二〇一四年）
森　公章「延暦度遣唐使三題」（小口雅史編『律令制と日本古代国家』同成社、二〇一八年）
森　公章『古代日中関係の展開』（敬文舎、二〇一八年）
渡邊　誠「寛平の遣唐使派遣計画の実像」（『史人』五、二〇一三年）

〔天神信仰〕

笠井昌昭「天神信仰の成立とその本質」（『日本の文化』ぺりかん社、一九九七年）
川尻秋生「平将門の新皇即位と菅原道真・八幡大菩薩」（『古代東国史の基礎的研究』塙書房、二〇〇三年）
下鶴　隆「『日蔵夢記』の成立」（『日本史研究』六七一、二〇一八年）
竹居明男編『天神信仰編年史料集成―平安時代・鎌倉時代前期篇―』（国書刊行会、二〇〇三年）
竹居明男編『『北野天神縁起』を読む』（吉川弘文館、二〇〇八年）
角田文衛「菅家の怨霊」（『紫式部とその時代』角川書店、一九六六年）
吉川　聡「執金剛神から蔵王権現へ」（『東大寺の美術と考古』法蔵館、二〇一六年）

著者紹介

一九五八年、岡山県に生まれる
一九八八年、東京大学大学院人文科学研究科博士課程単位取得退学
奈良国立文化財研究所文部技官・主任研究官、高知大学助教授を経て、
現在、東洋大学教授・博士（文学）

〔主要著書〕
『成尋と参天台五臺山記の研究』（吉川弘文館、二〇一三年）
『天智天皇』（人物叢書、吉川弘文館、二〇一六年）
『阿倍仲麻呂』（人物叢書、吉川弘文館、二〇一九年）

歴史文化ライブラリー
506

天神様の正体
菅原道真の生涯

二〇二〇年（令和二）九月一日　第一刷発行

著　者　森《もり》　公《きみ》章《ゆき》

発行者　吉川道郎

発行所　株式会社 吉川弘文館
東京都文京区本郷七丁目二番八号
郵便番号一一三—〇〇三三
電話〇三—三八一三—九一五一〈代表〉
振替口座〇〇一〇〇—五—二四四
http://www.yoshikawa-k.co.jp/

印刷＝株式会社 平文社
製本＝ナショナル製本協同組合
装幀＝清水良洋・高橋奈々

ISBN978-4-642-05906-0

歴史文化ライブラリー

1996.10

刊行のことば

現今の日本および国際社会は、さまざまな面で大変動の時代を迎えておりますが、近づきつつある二十一世紀は人類史の到達点として、物質的な繁栄のみならず文化や自然・社会環境を謳歌できる平和な社会でなければなりません。しかしながら高度成長・技術革新にともなう急激な変貌は「自己本位な刹那主義」の風潮を生みだし、先人が築いてきた歴史や文化に学ぶ余裕もなく、いまだ明るい人類の将来が展望できていないようにも見えます。このような状況を踏まえ、よりよい二十一世紀社会を築くために、人類誕生から現在に至る「人類の遺産・教訓」としてのあらゆる分野の歴史と文化を「歴史文化ライブラリー」として刊行することといたしました。

小社は、安政四年(一八五七)の創業以来、一貫して歴史学を中心とした専門出版社として書籍を刊行しつづけてまいりました。その経験を生かし、学問成果にもとづいた本叢書を刊行し社会的要請に応えて行きたいと考えております。

現代は、マスメディアが発達した高度情報化社会といわれますが、私どもはあくまでも活字を主体とした出版こそ、ものの本質を考える基礎と信じ、本叢書をとおして社会に訴えてまいりたいと思います。これから生まれでる一冊一冊が、それぞれの読者を知的冒険の旅へと誘い、希望に満ちた人類の未来を構築する糧となれば幸いです。

吉川弘文館

歴史文化ライブラリー

古代史